KB149824

고인돌, 역사가 되다

DOLMEN, BECOME A HISTORY

일러두기

1. 외국 인명, 지명은 외래어 표기법을 따랐다. 다만, 중국 지명의 경우에는 한자 독음대로 표기했다.
2. 도서는 겹꺾쇠(『』)로, 논문과 발표문은 홑꺾쇠(「」)로 묶었다.

고인돌, 역사가 되다

2017년 3월 15일 초판 2쇄 인쇄
2014년 10월 16일 초판 1쇄 발행

글쓴이 이영문
펴낸이 권혁재

편집 박현주 · 조혜진
출력 CMYK
인쇄 한일프린테크

펴낸곳 학연문화사
등록 1988년 2월 26일 제2-501호
주소 서울시 금천구 가산동 371-28 우림라이온스밸리 B동 712호
전화 02-2026-0541~4
팩스 02-2026-0547
E-mail hak7891@chol.net

ISBN 978-89-5508-321-7 03900

고인돌,
역사가
되다

DOLMEN,
BECOME A
HISTORY

이영문 지음

학연문화사

차 례

들어가며

고인돌과의 끈질긴 인연

　고인돌에 대해 처음 제대로 알게 된 때가 대학 1학년이었으니, 어느덧 40년이 지났다. 참으로 오랜 인연이다. 사실 고인돌과의 인연은 초등학교 시절 이전으로 거슬러 올라간다. 화순 벽송리에 12대 선산이 있어 매년 음력 10월 15일이면 집안 어른들이 종손이었던 나를 꼭 데리고 가셨다. 아마 50년 전 일일 것이다. 화순 벽송리 선산에서 개울가의 논밭 가운데 열지어 있는 바윗덩이를 보았을 때는 그것이 고인돌이라는 것을 몰랐다. 책에서 본 탁자처럼 생긴 것만 고인돌로 알고 있던 나였다. 대학에 와서야 받침돌이 고인 바둑판식 고인돌을 중심으로 덮개돌 밑에 돌로 된 무덤방이 드러나 있는 개석식 고인돌, 땅 위에 그냥 놓인 것 등 여러 모습을 한 고인돌들이 있음을 알게 되었다.

아이들의 놀이터가 된
화순 벽송리 고인돌

　고인돌에 대해 학문적으로 관심을 가진 것은 대학 때부터다.
답사를 위해 강화 고인돌에 대한 자료집을 만들면서 『한국 지석묘
연구』라는 책을 접한 것이 시발점이었다. 1978년에 「전남 지방 지석
묘 소재와 분류」라는 최몽룡 교수님의 논문을 돕느라 자료를 찾고,
정리하고, 정서하는 일을 하면서 고인돌의 매력에 빠져들었다. 그때
전남 지방에 고인돌 5,500여 기가 분포해 있으며, 우리나라에서 가장
밀집되어 있다는 사실도 알게 되었다.

　그 후 바위만 보면 모두 고인돌로 보이는 착시 현상까지 일어
날 정도였다. 그러나 최 교수님이 고인돌을 연구하셨기 때문에 나는
옹관고분 쪽으로 관심을 돌려 「영산강 하류지역의 고분군」이라는 학
사논문을 썼다. 그 논문은 전남대학교 사범대학 제1회 졸업논문발표
에서 최우수상을 수상하기도 하였다.

하지만 한눈팔던 것도 잠시, 1981년 동복댐 고인돌 발굴에서 생전 처음으로 간돌검石劍과 가지문토기彩文土器를 발견했다. 1986년 주암댐에서 그때까지 최대 규모의 고인돌 발굴에서 비파형동검, 천하석제 옥, 17점의 간돌검 등 유물들이 무더기로 쏟아져 더 이상 다른 분야로 눈을 돌릴 수 없게 되었고, 이를 계기로 석사학위 논문도 쓸 수 있었다. 고인돌과의 인연은 여기서 끝나지 않았다.

나에게 잊지 못할 발굴은 1980년대 후반의 여수반도 고인돌이다. 1988년에서 1990년까지 3년이라는 짧은 기간이었지만, 고고학사에 남을 만한 발굴 성과를 거두었기 때문이다. 여수 봉계동 고인돌에서 비파형동검 봉부편과 옥, 완형의 간돌검과 돌화살촉이 공반되었고, 이어 적량동에서 비파형동검과 비파형동모 등 청동기 8점이 발굴되면서 당시 언론에서 대대적으로 보도되었다. 평여동에서 발굴된 대롱옥과 곱은옥, 구슬옥, 둥근옥 등 430여 점은 「서울신문」에 컬러로 실리기도 하였다. 오림동에서는 간돌검과 인물상이 새겨진 바위그림을 발견하였다. 발굴한 고인돌마다 구조도 다른데다 색다른 유물이 여럿 발굴되면서 고인돌 집단 간의 차이인지, 매장풍습의 차이인지, 시기적인 차이인지, 유물 선호도 차이인지 등등 수많은 의문을 던져주어 나를 곤욕스럽게 만들었다. 이때의 발굴은 박사학위 논문을 쓰는 자료가 되었다.

1990년대 후반에 우리나라 고인돌을 세계문화유산으로 등재하기 위한 논의가 시작되었다. 원래 고창을 대상으로 하였지만 가장 밀집된 전남 지방도 포함되어야 한다는 의견이 많았다. 1995년 12월에 처음으로 발견해서 보고한 화순 효산리와 대신리 고인돌군이 추천되어 등재되었다. 이 고인돌군은 잘 보존된 주변 경관, 대규모의 군집상태, 돋보이는 형태 등이 높이 평가되었다. 세계유산 등재의 기초 작업으로 전라남도에서 화순 고인돌 정밀 지표조사와 함께 전남의 묘제에 대한 종합적인 자료집성을 하게 되었는데, 이 작업의 공로를 평가한 것인지는 모르겠으나 문화유산의 해인 1997년에 전라남도 문화상을 수상하였다.

10여 년 후인 2000년 후반의 여수 적량동과 월내동 고인돌 발굴은 150여 기의 최대 군집 고인돌과 함께 청동기시대 전기의 집자리 및 유물이 확인되어 고인돌의 연대를 기원전 1000년 이상으로 올릴 수 있는 자료를 확보하는 성과를 거뒀다. 또한 발굴사상 가장 상태가 양호한 비파형동검과 43.5센티미터에 달하는 최대 크기의 비파형동검도 발굴되었다. 이 두 유물은 현재 국립중앙박물관에서 전시하고 있다.

　이처럼 끈질기게 이어진 고인돌과의 인연으로 평생을 고인돌만 생각하게 된 것이다. 이제 오랫동안 이어온 고인돌과의 끈질긴 인연을 고인돌에 대한 책을 새로이 펴내는 것으로 보답하고 싶다. 2001년에 처음 『고인돌 이야기』를 출간한 뒤 이미 많은 시간이 지난 데다, 그동안 새로 밝혀진 사실도 많고 고인돌을 보는 안목도 상당히 달라졌다. 또한 전공자가 아닌 사람들도 고인돌을 쉽게 이해할 수 있는 책을 쓰고 싶었던 오랜 바람도 있었다. 그래서 고인돌이 축조되던 당시 삶의 모습과 세계 각지의 거석문화 활용 현황 등을 포함하여, 우리가 고인돌을 어떻게 생각할 것인가를 다룬 편안하게 읽을 수 있는 책으로 다시 엮었다.

　제1장 '우리 삶과 가까웠던 고인돌'에서는 선조들에 의해 전해 내려오는 고인돌에 얽힌 이야기나 불렀던 이름을 통해 그 의미를 부여하고자 하였다. 그리고 발굴에서 드러난 고인돌 축조의 신비함과 건축술, 부장품에 담긴 선조들의 지혜, 고인돌이 가진 상징적 의미를 더듬어 보고자 하였다.

　제2장 '고인돌 사회의 삶과 죽음'은 고인돌을 축조했던 청동기시대의 생활 모습과 무덤에 대해 살펴보았다. 청동기시대에는 어떠한 삶을 영위했을까, 그들이 어떤 생각을 하고 어떤 도구를 만들었을까, 바위를 숭배하고 큰 돌을 이용해 기념물과 무덤을 만든 이유는 무엇일까 등등을 상상해 보고자 하였다.

　제3장 '세계적 유산, 고인돌'은 세계의 거석문화를 이해하는 한편, 우리나라에 위치한 세계유산 고인돌에 대해 알아보고, 이를 활용

하는 사례와 세계유산 등재의 기대 효과에 대해 관심을 유도하고자
하였다.

제4장 '고인돌유적의 활용과 계승'은 외국의 거석문화 관리 및
활용 사례를 통해 우리가 고인돌을 어떻게 보존, 관리해야 할 것인가
를 생각해 본다.

제5장 '고인돌 연구서에 대하여'는 청동기시대와 고인돌을 다
룬 주요 연구서에 대한 서평으로, 독자들이 한 걸음 더 고인돌에 대
해 이해할 수 있도록 돕고자 했다.

이 책을 펴내는 일은 나와 함께 현장에서 고생한 고고학의 동
료, 후배, 제자들이 있었기에 가능했다. 같이 땅을 파던 친구들이 대
학교에서, 박물관에서, 발굴 전문기관에서 중추적인 역할을 하고 있
다. 전남대학교의 '전남문화연구회' 회원들, 목포대학교 제자들, 동북
아지석묘연구소 연구원 등 일일이 이름을 열거할 수 없을 만큼 많은
분들이 힘이 되어주었다. 특히 고고학이 뭔지 깨닫게 해주신 최몽룡
교수님, 늘 부족한 제자에게 학위를 주신 정영호 교수님, 그리고 평
생의 직장으로 계속 고인돌을 연구할 수 있게 배려해주신 최성락 교
수님 등은 지금의 나를 있게 한 분들이다. 아들이 뭘 하는지도 모르
면서 잘 되기만 기원하는 어머니, 외박을 밥 먹듯이 해도 잔소리 안
하고, 돈이 없어 허덕이면서도 뒷바라지 잘 해준 아내, 묵묵히 잘 자
라서 성인이 된 자식들, 장남인 나를 잘 따르고 받쳐준 동생들 모두
에게 고마움을 전하고 싶다.

이 책이 나오기까지 여러 사람의 도움이 있었다. 교열과 책의
체제를 갖추어 준 신경숙 부장과 교열을 맡아준 강초아 선생님, 그리

고 귀한 사진자료를 허락해 준 동북아지석묘연구소, 전남대학교박물관, 국립광주박물관, 목포대학교박물관, 부산대학교박물관, 경남대학교박물관, 호남문화재연구원, 전남문화재연구원, 마한문화재연구원, 우리문화재연구원, 경상북도문화재연구원, 한국고고환경연구소, 조현종 관장님, 지현병 원장님, 하문식 교수님, 김용준 선생님, 윤호필 선생님, 마지막으로 변변치 못한 글을 기꺼이 책으로 출판해 준 학연문화사 권혁재 사장님과 출판사 직원들에게도 고마움을 표한다.

2014년 10월
이 영 문

고인돌 미리 알기

고인돌의 의미와 구조

옛 사람들은 마을 주변의 논밭이나 산기슭에 바윗돌이 일정한 간격으로 널려 있는 모습을 보고 신비하게 여겼다. 마치 누군가가 일부러 옮겨 놓은 모양새였기 때문이다. 이처럼 신비롭고 커다란 바위들에 대한 궁금증은 많은 이야기를 낳았고 지금까지 전해지고 있다. 이런 바윗돌을 지금 우리는 '고인돌'이라고 부른다.

'고인돌'이라는 이름은 커다란 바윗돌 밑을 판돌이나 자연석이 고이고 있기 때문에 붙여졌다. 한자로는 지석묘支石墓라고 한다. 그러나 거의 대부분의 고인돌이 윗부분의 큰 돌만 지상에 드러나 있어서 보통 사람들은 그것이 고인돌이라는 것을 알아보기 힘들다.

고인돌은 그 형태에 따라 큰 돌 아래에 판돌이 네모지게 고이고 있으면 탁자식卓子式 고인돌, 자연석이나 인공석이 일정한 간격으로 받치고 있으면 기반식基盤式(바둑판식) 고인돌로 나뉜다. 대부분의 고인돌은 아랫부분이 땅에 묻혀 있거나 큰 돌 하나가 땅 위에 그냥 놓여 있는 형태다. 이런 형태의 고인돌은 무덤방의 뚜껑돌로 보아 개석식蓋石式 고인돌이라 부른다.

고인돌의 의미를 이해하려면 고인돌이 어떻게 생겼고 구조가 어떤지를 알아야 한다. 기본적으로 지상에는 큰 돌과 받침돌, 무덤의 영역을 표시하는 묘역시설이 있고, 그 아래 땅속에는 주검屍身을 묻는 무덤방石室이 있다. 모든 고인돌이 그런 것은 아니며, 탁자식의 경우 지상의 판돌로 된 시설이 무덤방 구실을 했고, 기반식 중 규모가 큰 경우는 무덤방이 거의 발견되지 않는다. 개석식에는 일반적으로 무덤방이 있으며, 이런 형태의 고인돌에서는 부장유물도 함께 발견된다.

지상에 드러나 있는 큰 돌은 무덤방을 덮고 있다 하여 덮개돌로 부르는데, 한자로는 윗돌이란 뜻의 상석上石이라 한다. 덮개돌을 고이고 있는 것을 받침돌이라 하는데, 고임돌 혹은 굄돌로 부르기도

덮개돌(상석)

받침돌(지석)

무덤방(석실)

기반식

탁자식

하며, 한자로는 덮개돌을 지탱하고 있다는 뜻으로 지석支石이라고 부른다. 초기에는 덮개돌의 다리로 여겨서 족석足石 또는 버티고 있다는 뜻의 탱석撑石으로 쓰기도 했다.

덮개돌과 받침돌 주위에 돌을 늘어놓아 구획을 표시하거나 납작한 돌을 깔거나 잔돌을 쌓은 부분을 묘역시설이라고 한다. 둘레돌, 구획석, 묘역식, 묘역, 묘역 고인돌 등 여러 명칭으로 불린다.

무덤방은 토광을 파서 만드는데, 맨바닥을 그대로 쓰기도 하고 판석이나 조그마한 자갈을 깔아 바닥면을 조성하기도 한다. 바닥 주변 사면에 깬돌을 쌓아올리거나 판돌을 세워서 네모나게 만들고 그 위를 뚜껑돌로 덮는다. 깬돌을 쌓아 만든 것은 돌덧널형이라 하고, 한자로 석곽형石槨形이라 부른다. 판돌을 세워 조립한 것은 돌널형이라 하는데, 한자로 석관형石棺形이라 한다. 무덤방은 오늘날의 나무널처럼 긴네모꼴長方形 구조물 위를 한 장의 판석이나 여러 장의 납작한 돌로 덮었는데, 이를 뚜껑돌蓋石이라 부른다.

덮개돌(상석)

뚜껑돌(개석)

무덤방(석실)

개석식

개석식

고인돌은 어떻게 발굴되는가

  대개 고인돌은 땅에 일부 묻혀 있거나 주변에 잡석이 쌓여 있는 경우가 많다. 사람들은 이렇게 커다란 바윗돌 아래 무엇이 있는지 궁금해 하지만, 그것을 밝혀내려면 고고학자의 발굴조사가 필요하다.

  먼저 큰 돌인 덮개돌은 사진 촬영과 실측이 끝난 뒤 들어낸다. 1990년 이전에는 도르래를 이용한 거중기(또는 삼발이)를 사용했지만, 지금은 크레인을 동원해 덮개돌을 안전하게 옮긴다.

  덮개돌을 들어내면 바로 받침돌이 노출되기도 하지만, 대개는

덮개돌 모습

덮개돌을 들어낸 후 모습

무덤방 모습

유물 노출상태

땅에 파묻혀 있거나 흙으로 덮여 있다. 고인돌이 만들어진 뒤 오랜
세월이 지나면서 자연적, 인위적으로 주변 환경이 많이 바뀌었기 때
문이다. 후대에 쌓인 것들을 제거하면 덮개돌을 올리기 전 모습이 온
전히 나타난다.

다음 단계로 무덤방을 찾는다. 무덤방은 일반적으로 덮개돌의
장축 방향(길이가 긴 방향)으로 돌무더기 가운데 설치되어 있으므로
먼저 주변의 잡석들을 들어내야 한다. 그러면 무덤방을 덮었던 뚜껑
돌이 드러난다. 뚜껑돌을 제거하면 무덤방의 윤곽이 나타나는데, 이
때 판돌로 된 무덤방은 쉽게 찾을 수 있지만 인위적으로 다듬은 깬

덮개돌 모습

덮개돌을 들어낸 후 정리한 모습

무덤방 모습

유물 노출상태

돌이나 하천변의 냇돌을 쌓아 만든 무덤방은 무너졌거나 본래의 모습이 흐트러졌을 가능성이 높아 찾기가 쉽지 않다.

　무덤방 조사는 세심한 주의가 필요하다. 내부에 퇴적된 토층을 확인해서 고인돌 축조 당시에 들어간 것인지 축조 이후 유입된 것인지 밝혀야 한다. 그리고 바닥 부분에 사람뼈人骨를 묻은 흔적이 있는지, 유물은 어떤 상태로 부장되어 있는지 등을 주의 깊게 살펴야 한다. 이런 조사가 모두 끝나면 고인돌을 해체하여 무덤방의 축조 방식이나 토광의 형태와 규모 등을 밝혀낸다.

　모든 조사 과정은 세밀하게 기록하여 자료를 보관하며, 사진 촬영과 도면 실측 작업도 병행한다. 출토된 유물은 조각으로 수습된 것들을 복원하고, 과학적인 분석 작업 및 보존 처리를 거쳐 원형을 유지한다. 고인돌 발굴이 완료되면 발굴의 진행 과정이나 밝혀진 내용들을 보고서로 발간한다. 이런 과정이 끝나면 발굴된 유물은 관련 연구자에 공개되는데, 형태가 완전하고 특이한 유물의 경우에는 박물관에 전시되기도 한다.

제1장
우리 삶과 가까웠던 고인돌

① 고인돌에 얽힌 전설

신앙의 대상인 고인돌

고인돌은 우리 선조들의 삶과 밀접한 관계를 가지면서 오늘날까지 보존되고 보호되어왔다. 민간신앙에서 고인돌은 장수長壽, 발복發福, 보신保身을 비는 경외의 대상이었으며 훼손하는 일은 감히 생각할 수도 없었다. 새벽마다 고인돌 앞에 정화수를 떠놓고 가족의 안녕과 자식의 성공을 빌었고, 오래 사는 동물 거북을 닮았다고 하여 장수를 바라는 마음에서 거북신앙의 대상이 되었다. 또 인간의 탄생과 죽음을 관장하는 칠성신앙의 대상으로 여겨지기도 했다. 고인돌은 신앙의 대상으로서 칠성바위, 거북바위, 장군바위, 철용바위, 복바위 등으로 불렸다.

웅장하고 거대하며 불가사의한 고인돌은 사람들에게 커다란 의구심을 갖게 했고, 그런 만큼 힘센 장수, 마고麻姑할머니, 칠성바위, 거북바위, 복바위 등 수많은 전설이 남아 있다. 특히 누가, 왜 이토록

당산과 고인돌 사이에서
한가로이 쑥 캐는 여인
(화순 벽송리)

커다란 고인돌을 축조했는지에 대해서 북방 이민족이 건조했다는
설, 전투에서 전사한 장졸들을 합장하기 위해 건립했다는 설, 마고할
미가 만들었다는 설 등 많은 이야기가 전해오고 있다.

당산제로 모신 철용신 고인돌

전남 순천 광천리에서는 고인돌을 철용신이라 믿고 해마다 당
산제를 지낸다. 이 마을에서는 북쪽의 논 한가운데 있는 고인돌 여섯
기 중 가장 큰 고인돌을 '철용'이라고 부르는데, 이것을 신체神體로 섬
기며 제사를 지내고 있다.

매년 음력 정월 보름 전날 밤에 치러지는 당산제에서는 할아버
지 당산과 할머니 당산을 신수神樹로, 고인돌을 철용신으로 모신다.

당산 신주로 모신 고인돌
(순천 광천리)

두 곳의 당산나무에 제사를 지내고 나서 고인돌에 제사를 지내는데,
마을 사람들의 소원 성취를 축원하는 의식을 행한다. 본래 철용신은
집을 지키는 가택신家宅神으로 주로 장독대에 자리하는 장독신이다.
장맛이 그 집안의 흥망성쇠를 좌우한다 하여 전통적으로 중히 여겨
왔기에 장독신을 모시는 것인데, 철용신을 마을신으로 섬기게 된 것
은 마을의 번영과 안녕을 기원하는 의미가 담긴 셈이다.

　　광천리 외에도 우리나라 곳곳에서 고인돌에 제사를 지내는 전
통이 있었고, 무당(당골)이 고인돌을 신주로 삼고 치성을 드리는 모
습도 얼마 전까지 계속됐다. 마을에서 고인돌에 제사 지내는 모습도
심심찮게 볼 수 있었다. 고인돌에 정화수를 떠놓고 비는 모습 역시
그랬다. 고인돌에 복을 비는 풍습은 고인돌에 영적인 힘이 있다고 믿
었기 때문이었다.

논 가운데 고인돌에
새겨진 성혈(화순 절산리)

집 안의 고인돌에 새겨진
성혈(곡성 오지리)

소원을 빈 성혈 고인돌

신앙의 대상인 고인돌에 성혈(바위구멍)을 새기는 경우도 많았다. 성혈은 대개 지름 5~10센티미터, 깊이 3~5센티미터의 반원형 홈으로, 큰 것은 지름이 15~20센티미터에 이른다. 성혈이 새겨진 고인돌을 알바위, 알터, 알구멍, 바위구멍 등으로 부르는데, 이런 이름을 갖게 된 것은 난생설화와 관련이 깊다.

성혈을 누가 왜 새겼는지에 관해서는 여러 가지 해석이 있다. 천둥에 대한 경외심이나 태양 숭배 사상의 표현이라는 설, 불씨를 만들던 발화구發火具의 흔적이라는 설도 있고, 가족 구성원의 수를 나타내거나 축조에 참여한 사람들이 팠다는 설도 있다. 또는 장례의식에서 장식을 위해 판 예술적 표현으로 보기도 한다. 한편으로는 고인돌 축조 당시가 아니라 후대에 새겨졌을 가능성도 제기되고 있다.

성혈이 새겨진 고인돌은 전국적으로 나타난다. 어떤 것에는 서너 개이지만 많은 경우는 수십 개에서 수백 개까지 무질서하며, 덮개돌의 한쪽 면에만 몰려 있기도 하고 전면에 고루 파여 있기도 하다. 특히 대동강유역의 2백여 기 고인돌에서 발견된 성혈은 별자리를 새긴 것으로 보이며, 북한의 고인돌에 나타나는 성혈은 모두 별자리와 관련이 있다고 한다. 별자리를 묘사한 경우, 북두칠성을 중심으로 북쪽 하늘의 별을 새긴 것이 대부분이다. 성혈은 중부 이남의 고인돌에서도 많이 확인되는데, 전면에 1백여 개의 성혈이 남아 있는 전남 화순 절산리 고인돌과 65개의 성혈이 새겨진 충북 청원 가호리 아득이 마을 고인돌이 널리 알려져 있다. 아득이 고인돌의 성혈은 북두칠성

고인돌에 거북등을 새긴
거북바위(구례 봉서리)

치성을 드려 자식이 성공
했다는 거북바위 고인돌
(장흥 연정리)

과 작은곰자리(북극오성), 용자리, 카시오페이아 등을 본떠 새긴 것이라고 한다.

민간신앙에서는 알바위에 쌀이나 계란을 올려놓고 자식 낳기를 비는 이야기가 많이 전해진다. 전북 남원 죽향동 칠성알터에 전하는 이야기에서는 아들 낳기를 원하는 부인은 일곱 구멍에 좁쌀을 넣고 치성을 드린 다음 좁쌀을 한지에 싸서 치마폭에 감추어 집에 돌아오면 된다고 한다. 그 후 득남하면 그 좁쌀로 베개를 만들어준다. 이처럼 불멸성, 잠재력, 재생, 생명의 신비, 생식의 근원이라는 강한 상징성을 지닌 고인돌의 성혈은 남성의 정력을 강화하고, 풍요로운 수확과 자손 및 가축의 번성을 기원하는 주술적 도구로 활용되었다.

복을 가져다준다는 거북바위와 복바위 고인돌

고인돌을 '거북바위' 또는 '두꺼비바위', '개구리바위'라 부르는 곳도 많다. 덮개돌의 윗면이 거북등처럼 볼록한 모양과 덮개돌 한쪽이 머리 모양을 한 형태가 거북 또는 두꺼비를 닮았기 때문이다. 거북 귀(구)龜 자가 들어간 귀암 또는 구암이라는 이름을 가진 마을에는 대개 거북바위가 있다. 우리나라에서 가장 먼저 사적으로 지정된 전북 부안 귀암마을의 고인돌이 널리 알려져 있다.

거북신앙의 분포는 대체로 고인돌 분포 지역과 일치한다. 거북은 장수를 상징하는 십장생十長生 중의 하나로서 인간에게 매우 이로운 동물로 알려졌기 때문이다. 외형적으로는 여성 성기와 비슷하여 여성을 상징하기도 하는데, 전설에 의하면 거북은 수컷은 없고 암컷만 있다고도 한다. 이런 거북바위는 민간에서 치병이나 장수를 기원하는 대상물이다.

　복福바위라 부르는 고인돌은 대개 집 마당에 있는 것들이다. 마당이나 집 안 한구석에 있는 것으로 일반적인 고인돌보다 크고 둥그스레한 형태들이 많으며, 받침돌이 고인 바둑판식 고인돌이 대부분이다. 이런 고인돌의 받침돌 앞에는 어김없이 하얀 접시 하나가 놓여 있다. 아침저녁으로 접시에 정화수를 떠놓고 신령님께 소원을 빌어서 자식을 얻거나 밖에 나간 자식이 성공하였다는 이야기가 많이 전해진다. 또 집안이 흥했다는 이야기, 사업한 자식이 부자가 되었다는 이야기 등도 많다.

복바위로 섬긴 고인돌
(광양 운평리)

민간신앙이 된 칠성바위와 범바위 고인돌

여러 기의 고인돌이 마치 북두칠성처럼 배치되어 있으면 칠성바위라고 불린다. 칠성바위는 전국적으로 나타나는 고인돌의 별칭인데, 칠성바위가 있는 마을은 칠암 또는 칠성이라고 부른다. 칠성바위에 기도하여 낳은 자식의 이름을 '칠성'이라고 짓기도 한다. 7~8기의 고인돌이 군집한 경우 칠성바위라고 부르는 것은 민간의 칠성신앙과 관련이 있다.

칠성신앙은 북두칠성을 일, 월, 화, 수 목, 금, 토의 정수로 생각하고 이를 믿는 신앙이며 수명장수, 소원성취, 자녀성장, 평안무사를 빈다. 우리나라 고유한 민간신앙인 칠성신앙의 흔적은 절 뒤편에 있는 칠성각에서 쉽게 볼 수 있는데, 불교에서 칠성은 중생들에게 내세에 대한 믿음을 주는 역할을 한다. 도교에서는 칠성이 인간의 탄생과 길흉화복을 점지한다고 한다. 제주도에서 칠성은 곡물을 수호하고 풍요를 가져다주는 신으로 여겨진다. 칠성신은 뱀신으로 형상화되는데, 뱀이 풍요와 재생, 지혜의 화신이기 때문이다. 이러한 믿음에서 오늘날에도 칠성을 믿는 무당이 많이 있으며, 민간에 뿌리 깊게 남아 있는 신앙 중 하나이다.

칠성신앙과 관련되는 별은 북두칠성이고, 칠성신은 어머니 뱃속에 있는 아이의 이목구비를 갖추어준다고 한다. 이는 북두칠성의 별 일곱 개와 얼굴에서 몸속으로 통하는 구멍 일곱 개를 연관시켜 해석한 것이다. 또한 사람이 죽으면 칠성판 위에 안치하므로 태어나서 죽을 때까지 칠성신앙과 연관되어 있는 셈이다.

칠성바위라 부른 고인돌
(영암 월송리)

칠성바위 고인돌
(영광 칠성리)

범바위는 칠성신앙과 함께 우리의 고유한 민간신앙인 산신신
앙의 대상이다. 산신은 대개 옆에서 호랑이가 호위하고 있다. 호랑
이는 산짐승을 대표하는 동물이다. 산신으로 삼는 고인돌은 범바위
虎岩(호랑이바위)라 한다. 범바위는 거대한 고인돌의 한쪽에 오목하
게 파여져서 마치 호랑이가 입을 크게 벌리고 있는 형상을 하고 있
다. 범바위가 있는 마을 이름은 호암, 호동이라 부른다. 산신은 봄에
산에서 내려와 농사의 일을 돕는 역할을 하다가 추수가 끝나면 다시
산으로 올라간다고 한다.

　　이처럼 민간신앙의 대상이 되었던 칠성신과 산신을 불교에서 받
아들여서 절의 뒤편에 칠성각이나 산신각을 따로 지어 모시기도 한다.

입을 벌리고 있는 범바위
고인돌(나주 장산리,
마한문화재연구원 제공)

힘 자랑한 장수바위 이야기

고인돌의 무게나 생김새가 보통 사람이 다룰 수 없는 규모이다 보니 힘센 장수와 관련한 이야기도 많이 전해진다. 이런 고인돌은 장군바위, 왕바위 등으로도 불렀다. 계곡 양쪽 산기슭에 고인돌이 줄지어 있는 지역에서는 상대편을 향해 바윗돌(고인돌)을 던지면서 싸웠다는 전설이 주로 나타난다. 고인돌을 마치 공기돌이나 팔매돌과 같이 다룰 정도로 힘센 장수들이 자기 힘을 자랑하기 위해 던졌다는 이야기이다. 또 여러 개의 고인돌이 모여 있는 경우에는 옛날 장수들이 공기놀이하던 공기돌이라는 이야기도 전해진다.

고인돌이 구릉이나 평지, 산기슭에 수백 미터 또는 수 킬로미터에 걸쳐 띄엄띄엄 열을 지어 나타난 곳에서는, 옛 장수들이 성城을

장군바위라 부르는 고인돌
(창원 덕천리, 경남대학교
박물관 제공)

왕바위라 부른 순천 산수리
왕바우재 고인돌

쌓기 위해 큰 돌을 어깨에 짊어지고 옮기다가 성이 완성되었다는 소식을 듣고 그 자리에 내려놓았다는 이야기가 남아 있다. 주변에 산성 山城이 있는 경우에 이런 이야기가 많다. 중국의 진시황秦始皇이 만리장성을 쌓을 때 돌이 많은 조선의 힘센 장수들을 동원하여 이동하다가 성이 완성되었다는 소식을 듣고 그 자리에 놓아두었다고도 한다.

바위를 나르는 마고할머니 이야기

마고할머니에 대한 이야기는 전국적으로 전해지고 있다. 마고 麻姑는 중국 옛 선녀의 이름인데, 어려운 사람을 몰래 도와주는 인자한 할머니로 알려져 있다. 또한 몸집이 거대한 여신으로 오줌발이 아주 세서 바위가 깨질 정도라고 하며, 특히 바위를 나르는 이야기에 많이 등장한다. 보통 성을 축조하기 위해 돌을 옮기는 이야기가 많다. 전남 화순 대신리 고인돌의 경우는 운주사 천불천탑을 조성할 돌을 치마에 싸서 옮기다가 다 완성되었다는 이야기를 듣고 버린 돌이라고 전해진다. 이 고인돌의 덮개돌 위에는 구멍이 하나 있는데, 이 구멍은 마고할머니의 오줌발에 의해 생겼다고 한다.

평안 지방에 전해지는 마고할머니 전설은 거대한 탁자식 고인돌이 마고할머니가 살았던 집이라는 이야기다. 이 집은 스스로 지었다고도 하고, 장수들이 만들어준 것이라고도 한다. 가난한 사람들이 옷 없이 다니는 것을 보고 자기가 입고 있던 옷을 하나씩 벗어주다 보니 정작 자신은 발가벗게 되어 집을 짓고 그 속에 은둔했다는 이야기도 함께 전해온다.

마고할머니 전설이 있는
화순 핑매바위 고인돌

바위 밑에서 태어난 영웅 이야기

　　직접적으로 고인돌과 관련된 것은 아니지만, 바위에서 영웅이나 왕자가 탄생하였다는 설화도 많다.『삼국유사』에 '동부여의 부루왕은 늙도록 아들이 없었는데, 하루는 산천에 제사를 지내고 아들을 기원하였더니 타고 있던 말이 곤연에 이르러 바위를 마주 대하고 눈물을 흘렸다. 왕이 사람을 시켜 그 돌을 들쳐 보니 금빛 개구리 모습을 한 어린아이가 있었다'라는 기록이 있다. 바위에서 왕자가 탄생했음을 묘사한 이야기다. 경주 이씨 시조인 알평의 하강 탄생에 얽힌 박바위 전설이나 처용이 출현한 처용암 등에서도 시조, 영웅과 큰 바위 사이에 밀접한 관계가 설정됨을 알 수 있다.

　　경남 김해의 귀지봉龜旨峰에는 가락국의 시조인 수로왕의 탄생 설화가 전해온다. 이곳 구릉 정상부에는 기반식 고인돌이 한 기 있는데 당시에 고인돌을 축조했던 집단과의 관계를 엿볼 수 있다. 이처럼 왕자 탄생의 민간신앙에서는 바위를 남근과 동일시하고 생산력과 생명을 상징하는 대상물로 삼았다.

고인돌에 관련된 설화

　　풍수지리설을 바탕으로 고인돌을 해석하는 이야기도 전해진다. 임진왜란 때 일본이 조선의 기氣를 누르기 위해 고인돌을 만들었다는 것이다. 이는 일제강점기에 기가 센 명산에 쇠말뚝을 박았던 것과 같은 이치다. 혹은 조선에서 뛰어난 장수가 많이 나와 중국이 조

김수로왕 탄생 설화가 있는
김해 귀지봉 바둑판식 고인돌

검 손잡이와 성기모양이
새겨진 영일 칠포리 암각화

선의 기를 누르려고 고인돌을 만들었다고도 한다. 이는 산천이 웅대하면 장수가 나서 반역을 도모하므로 중국에서 지기地氣를 억누르려고 바윗돌을 가져다 놓았다는 것이다. 또 절을 짓지 못하게 하려고 가져다 놓았다는 이야기도 전해진다.

　그 밖에도 하늘나라의 장수들이 지상으로 내려올 때 머리에 이고 왔다가 그대로 방치했다는 설이 있다. 동해안 영일 곤륜산에 있는 고인돌과 바윗돌들은 고령에서 날아왔다는 전설이 있다. 그래서 곤륜산을 고령산이라고 부르며, 그 마을 사람들이 해마다 20냥의 세금을 고령군에 바쳤다고 한다. 곤륜산 기슭의 바위에 삼각형의 돌화살촉, 여성 성기, 검 손잡이 형태의 신상神像 등 많은 바위그림岩刻畵이 새겨져 있는데, 이것이 태양 형상인 신상이나 동심원同心圓 등이 새겨진 고령 양전동 바위그림과 비슷해서 이런 전설이 생긴 것으로 보인다.

2 고인돌의 이름과 의미

고인돌이라는 이름의 유래

고인돌은 우리 선조의 삶과 매우 밀접한 관계를 가진 문화유산이다. 마을 안에 자리한 고인돌은 담장의 일부로 이용되었고, 넓적한 고인돌의 윗부분은 장독대가 되었다. 덕석 대신에 고인돌에서 곡물을 널어 말렸고, 곡식을 타작하는 곳으로도 사용했다. 받침돌이 지상에 드러나 있는 고인돌은 덮개돌 아래의 공간에 농기구를 보관하거나 가축을 기르는 우리로 이용됐다. 논밭 가운데 자리한 고인돌은 농사일 중간에 샛거리를 먹는 장소였고, 당산나무 밑의 고인돌은 삼삼오오 모여 이야기꽃을 피우는 모임의 장소로 활용되었다. 이처럼 우리 곁에서 늘 함께 해온 고인돌은 얽힌 이야기도, 부르는 이름도 많다.

'고인돌'이라는 이름은 괸돌 또는 고임돌에서 유래됐다. 민간에서는 고인돌, 고임돌, 고엔돌, 굄돌, 괸돌, 괸바위, 되무덤, 도무덤 등 여러 명칭으로 불렸는데, 이 중에서 '고인돌'을 선택하여 정식 명칭

당산나무 밑 고인돌 위에서
휴식하는 마을 사람들
(고창 상금리)

으로 삼은 것이다. '고인'과 '돌'을 합친 것으로, 밑에 돌을 받쳐 고인 덩이돌(또는 판석)이라는 의미다. 한자로 표현하면 '지석支石'이 되는데, 역시 '고여 있는 돌'이라는 뜻이다. 큰 돌을 받친 부분이 땅에 묻혀 보이지 않는 것도 마찬가지로 고인돌이라 부른다.

이 외에도 고인돌을 부르는 이름은 매우 다양하다. 논밭 가운데 큰 바위(고인돌)가 묻혀 있는 곳을 '독배기'나 '바우배기' 등으로 부르는데, 이는 방언으로 거석을 '독'이나 '바우'라 하는 데서 붙여진 이름이다. 덮개돌이 넙적하게 생겼으면 마당바우나 덕석바우, 떡바우라 하고, 받침돌이 있는 기반식 고인돌이면 괸돌, 괸바우라고 불렀다. 받침돌이 둥글어 마치 달걀처럼 보이는 고인돌을 암탉이 알을 품고 있는 형상 같다고 하여 암탉바우라고 부르는 곳도 있다. 또 받침돌이 상여를 고여 놓은 것처럼 보여 상여바위라 부르기도 한다. 고인돌은 대부분 여러 기가 무리지어 있는데, 그 군집된 모습이 특이한 고인돌을 중심으로 주위에 고인돌이 배치되어 있으면 장기판의 궁宮을 호위하는 졸卒로 생각해 장기바우로 부르기도 하고, 군집이 조밀하지 않고 군데군데 널려 있어서 띠엄바우라고도 했다. 이처럼 우리 선조들은 보이는 대로, 느끼는 대로, 생활에서 나타나는 현상을 대입하여 고인돌을 불러왔다.

고인돌의 배치와 수에 따라 칠성바우라고 부르기도 했는데, 이는 민간신앙의 영향이었다. 덮개돌의 형상에 따라서는 거북바우, 두꺼비바우, 개구리바우, 배바우, 범바우 등으로 불리고, 옛날 장군이 돌을 옮겼다는 전설이 있는 곳은 장군바우, 왕바우 등으로 불렸다. 이런 명칭이 남아 있는 곳에서는 대부분 고인돌로 확인된다. 이외에도 전남 함평 월계리 석계 고인돌의 경우에는 편평한 고인돌 덮개돌 위에서 걸인이 놀았다 하여 동량치乞人바우, 신선이 놀았다고 하여 유선遊仙바우, 동물 형상을 닮은 것은 말바우와 토끼바우 등으로 불리고, 영암 월악리 돌뫼 고인돌은 말바우, 시렁바우, 개바우 등으로 불린다.

고인돌과 관련된 지명도 많은데, 주암舟岩(배바위), 구암龜岩(거북바위), 칠암 또는 칠성(칠성바위), 석현(돌고개), 암치(바위고개), 지석(굄돌), 호암(범바위, 호랑이바위) 등의 마을 이름이 잘 알려져 있다. 이 밖에도 고인돌이 있는 경우 마을 이름에 '암'이나 '석'이 많이 붙어 있다. 고인돌이 발굴 조사된 지명을 살펴보면, 받침돌이 있는 고인돌이면 굄돌밭, 지석리, 탱석리, 거석리 등으로 불렸고, 고인돌의 군집 상태와 배치에 따라 돌배기골, 칠성리, 암치리 등으로, 고인돌의 형태에 따라서는 선박리(배바위), 호암리(범바위), 주암리(배바위) 등으로 불렸다.

여러 명칭이 있는
함평 월계리 석계 고인돌

독배기라 부르는
구례 신기 고인돌

위가 편평하고 밑이 둥근
배바위 고인돌(강진 수양리,
전남문화재연구원 제공)

일본 사가현 후나이시
배바위(船石) 고인돌

선인기반암이라 부른 중국
저장성 치판산 고인돌

인도 케랄라주의 버섯모양
고인돌(김용준 선생 제공)

일본에서는 고인돌을 지석묘支石墓로 부른다. 중국에서는 고인돌을 석붕石棚 또는 대석개묘大石蓋墓라 부른다. 석붕은 돌로 만든 돌집(천막, 오두막 등)이란 의미로 탁자식 고인돌에 해당하고, 대석개묘는 큰 돌로 무덤방을 덮은 무덤이라는 의미로 무덤방이 땅에 묻혀 있고 큰 돌만 드러나 있는 고인돌을 이르는 것이니 개석식 고인돌이다. 중국 저장성 지역에서는 돌을 들고 있다는 의미인 대석묘撑石墓나 '신선이 노는 바둑판'을 뜻하는 선인기반암仙人碁盤岩으로도 불린다. 인도에서는 탁자식 고인돌의 덮개돌이 반원형半圓形이어서 우산형 고인돌Umbrella Stone 또는 버섯형 고인돌Mushroom Stone이라 하고, 여러 장의 판석으로 된 무덤방이 지상에 노출된 것을 두건형 고인돌Hood Stone이라 하기도 한다. 서유럽에서는 무덤방 석벽과 그를 덮은 덮개돌이 연이어진 형태가 유행했고 커다란 봉토 속에 미로처럼 무덤방이 조성되어 있어 통로형 무덤Passage Grave이나 회랑형 무덤Gallery Grave이라 칭하고 있다. 켈트어로는 탁자란 뜻인 'Dol'과 돌이란 의미인 'Men'의 합성어로 돌멘이라 하고, 영어로는 'Table Stone'이라 한다. 이의 명칭은 고인돌이 외형상 탁자 모양을 한 것에서 유래한 것이다. 오늘날에는 거석이란 의미로 'megalith(메가릿)'이 보편적으로 쓰이고 있다.

문헌에 기록된 고인돌

고인돌에 대한 문헌 기록은 중국의 반고班固(8~92년)가 지은 『후한서後漢書』가 가장 오래된 것이다. 이후 중국 진나라 진수陳壽(233~297년)가 지은 『삼국지三國志』, 중국 금나라 왕적王寂이 쓴 『압강

행부지鴨江行部志』 등 중국 문헌에 나타났다. 우리나라에서는 고려시대 이규보의『동국이상국집東國李相國集』에 처음으로 기록되었다. 이러한 기록들에는 고인돌의 형상이나 그에 대한 호기심이 묘사되어 있다.

위 기록에서 고인돌의 명칭은『후한서』,『삼국지』의 기록에 '대석大石'과 황제의 관처럼 생겼다고 하여 '관석冠石'으로 묘사되어 있다. 금나라와 고려시대(13세기 전후) 기록에는 '석붕'(중국)과 '지석'(한국) 등이 사용되고 있다. 덮개돌을 받치고 있는 받침돌은 다리라고 생각하여 족석足石이라 하였다. 특히 이규보가 쓴『동국이상국집』의 '남행일기'에 보면 "(전북 낭산에서 숙박한 후) 다음날 금마군(현 전북 익산)으로 향하려 할 때 이른바 지석이란 것을 구경하였다. 지석이란 세속에서 전하기를 옛날 성인이 고여 놓은 것이라 하는데, 과연 신기한 기술로 이상하다"는 기록이 있다. 당시 사람들도 이미 옛 선조들이 인위적으로 만들어진 것임을 알고 있었고, 고인돌을 지석으로 표현했음을 알 수 있다.

또한 중국 금나라 때의 기록에 보이는 '석붕'은 탁자식 고인돌과 같은 형태인데, 여기에서 연유하여 오늘날 중국에서는 탁자식 고인돌을 '석붕'이라 한다. 이 석붕이라는 명칭은 이미 1200년 무렵 당시 사람들에게 통용되고 있었다. 현재까지도 고인돌과 관련해 석붕이라는 지명이 많이 남아 있는데 중국 랴오닝성의 대표적인 고인돌인 스펑산石棚山 고인돌이나 스펑위石棚峪 고인돌이 그것이다. 이는 '석붕(고인돌)이 있는 산', '석붕이 있는 골짜기'라는 뜻의 지명이다. 한편 우리나라에서는 형태에 관계없이 고인돌 또는 지석이라 불렀다.

우리나라의 고인돌이 서양에 알려진 것은 19세기 말 외국의 선교사나 외교관들에 의해서였다. 그들은 우리나라를 여행하던 도중 거대한 고인돌을 보고 웅장한 규모에 감탄함과 동시에 그 축조에 의문을 품고 본국으로 돌아가 기록으로 남겼다. 가장 먼저 한국의 고인돌을 소개한 사람은 당시 조선 주재 영국 부영사인 W. R. 칼스Carles다. 그는 서울에서 원산으로 가는 도중에 본 포천의 고인돌(자작리 고인돌로 추정)을 1883년 본국인 영국 런던에서 발표한 '한국에서의 생활'이란 글에서 소개하였다. 그는 민간에서 전해지는 이야기인 "임진왜란 때 왜인이 조선의 땅 기운을 억누르기 위해 만든 것"이라고 썼다.

이후로 고인돌의 성격에 관심을 가진 외국인들에 의해 고분설과 제단설이 제기되었다. 고우랜드Gowland는 1895년 영국에서 발표한 글에서 "조선인의 선조들이 옛날에 건조한 것"으로, 알렌Allen은 "돌

제단처럼 생긴 중국 스펑위
탁자식 고인돌

멘의 조선명은 고인돌이며, 그 의미는 지석支石이라고 하는데 어떤 기능을 가진 것인지 알 수 없다"고 하였다. H. B. 헐버트Hulbert는 1906년 런던에서 발표한 글에서 "한 면이 개방되어 있고 덮개돌 일부가 흙으로 덮여 있어 원래는 원형으로 완전한 봉분을 가지고 있었을 것으로 보아 고대 사람의 분묘"라고 여겼다. H. G. 언더우드Underwood는 1910년 뉴욕에서 발표한 글에서 북한의 대표적인 고인돌인 황해도 은율군 관산리 고인돌을 소개했는데, 조선의 분묘가 주로 산상이나 산록에 건조되고 있음에 주목하여 고인돌은 평지나 구릉에서 주로 발견되고 있어 '무덤보다는 토지신에 제사지내던 제단'으로 추정하였다. A. G. 클라크Clark는 1929년 뉴욕에서 발표한 글에서 "고인돌을 축조하게 된 배경은 민간의 풍수지리설에 의한 것"으로 보기도 하였

오늘날에도 마을 동제 시 사용되는 탁자 모양의 석제단(창원 천선동)

다. 일본인인 세키노 다다시關野貞는 고인돌을 "고구려시대 고분의 석관이 노출된 것"으로 보았다. 도리이 류조鳥居龍藏는 우리나라 고인돌에 대해 처음으로 탁자식 고인돌과 바둑판식 고인돌로 분류했다. 그는 탁자식을 사형祠形 돌멘, 바둑판식을 기반碁盤 돌멘이라 불렀다. 이러한 분류는 고인돌 형식 분류의 기본이 되어, 후대의 학자들은 명칭만 달리하여 사형 돌멘을 북방식, 탁자식, 전형 고인돌로 부르고, 기반 돌멘을 남방식, 바둑판식, 변형 고인돌로 부르고 있다.

우리나라에서 가장 먼저 고인돌을 연구한 사람은 손진태다. 그는 민속학자이지만 민속 조사 과정에서 여러 지역을 답사하면서 본 고인돌에 대해 관심을 갖기 시작하였다. 그는 「돌멘고」란 논문을 1933년 6월 『민속학지』와 『개벽』 창간호에 실었다. 그의 연구는 고인돌을 '고인돌'과 '거석개분묘'로 구분하였으며, 고인돌의 기능에 대해

19세기 말에 영국 부영사
칼스가 소개한 포천 자작리
탁자식 고인돌

종교적인 숭배물이나 제단, 주거(집) 형태, 고분의 석실이나 석관이 노출된 것 등으로 세 가지 가능성을 제시하였다. 고인돌의 축조 목적에 대해서는 노출된 덮개돌은 죽은 이의 영혼을 두려워하여 이를 위압하기 위한 것, 죽은 이나 그 가족의 위세를 과시하기 위한 것, 선조에 대한 제례를 위한 제단 등으로 보았다. 1935년 한흥수는 우리나라 거석문화를 선돌, 고인돌, 칠성바위, 돌무덤 등 네 종류로 나누었다. 그는 황해도 안악 지역에서 발견된 고인돌을 연구하여 거석문화를 태양 숭배 사상의 표현으로 보았다. 또한 무덤방에서 유골이 발견되고, 밀폐된 한 개의 무덤방만 있으며, 평야에 집단적으로 무리지어 있는 점 등을 들어 고인돌을 무덤이라고 여겼다.

우리나라에서 가장 먼저
사적으로 지정된
부안 구암리 고인돌

20세기 초에 미국인 언더우드에 의해 소개된 황해 관산리 탁자식 고인돌 (하문식 교수 제공)

1927년에 발굴된 고흥 운대리 고인돌 비파형동검 출토 상황(국립중앙박물관 제공)

일제강점기에 조사된 춘천 천전리 탁자식 고인돌

고인돌의 특별한 의미

인간에게 죽음은 두려움의 대상이자 또 다른 삶의 관문이다. 그렇기에 삶과 죽음, 이승과 저승을 가르는 경계인 무덤에는 죽음을 두려워하는 심리와 영원한 구원을 바라는 심리가 사회적인 현상으로서 나타나 있다. 즉 무덤은 죽은 이가 속한 집단의 사회상과 문화상을 드러내는 중요한 사료인 것이다. 묘제墓制는 신앙에 기반을 둔 사회적인 관습이라 외부 세계의 영향을 쉽게 받지 않으므로, 그 당시를 살다 간 사람들의 흔적, 가치관, 세계관 등이 고스란히 남아 있다. 또한 무덤의 축조 과정에는 일련의 장송의례가 행해지는데, 이는 죽음을 사회적으로 공인하고 죽은 이를 조상신으로 신격화하려는 의

혈연집단의 무덤으로 조성된
고인돌(영암 엄길리)

도가 담긴 행위였다. 장송의례에는 죽은 이에 대한 애도 표현, 주검의 처리 및 매장, 부장품, 제의 등이 포함되며, 시대, 민족, 지역, 문화에 따라 다양하게 나타난다.

그렇다면 이렇듯 큰 의미를 지니는 무덤에 바윗돌을 사용해 축조한 데는 어떤 의미가 있을까? 선사시대 사람들은 주로 주변 자연환경에 의존하면서 생활을 영위하였고, 주변 환경과 기후 변화에 의해 그들의 생사가 좌우되었다. 그래서 고대인에게는 인간의 힘으로 극복할 수 없는 초자연적인 힘에 의존하려는 심리가 내재되어 있었고, 특히 바위는 동양에서건 서양에서건 '영원불멸의 상징'이었다. 돌의 견고함은 불멸성으로 비추어지고, 이는 곧 생명력을 상징한다. 우리의 민간신앙에서는 돌이 서낭바위, 마을수호신 등으로 신격화되어

묘표석 고인돌을 중심으로
열지어 있는 고인돌
(화순 벽송리)

토지의 풍요, 사람과 동물의 다산, 기후의 순조로움, 국가의 전승戰勝
과 평화 등을 가져다준다고 믿었다. 또한 고대 신화를 보면 많은 지
도자의 탄생이 바위와 관련되어 있다. 지도자나 영웅을 탄생시킨 바
위라는 점에서 공동체 의식을 돈독하게 하는 신비로운 응집력을 보
이기도 한다.

　이와 같은 상징성과 의미를 지닌 바위를 이용하여 만든 고인돌
은 죽은 이의 혼령이 안식하는 곳이자, 죽은 이의 혼령이 끼칠지도
모를 위해危害로부터 살아 있는 사람을 보호한다는 의미도 함께 담고
있다. 주검은 자신의 죽음에 대한 두려움과 주검 자체에 대한 두려
움을 수반한다. 이러한 두려움에서 죽은 사람이 다시 활동할 수 없게
하기 위하여 주검을 매장한 뒤 그 위에 큰 돌을 올려놓았을 것이라
는 견해도 있다. 이는 주검을 보호한다기보다는 영혼으로부터 산 사
람을 보호하는 역할을 한 것으로 추정된다. 또는 고인돌의 부장품으
로 간돌검石劍이나 돌화살촉石鏃 등 무기들이 주로 사용되고 있는 것
도 죽은 사람의 영혼을 지켜주는 것으로 생각해볼 수 있을 것이다.

3 우리나라 고인돌의 특징

세계적으로도 특별한 한국의 고인돌

고인돌은 북유럽에서 서유럽, 남유럽에 걸친 대서양 동안 지역, 지중해 연안과 흑해 연안, 인도를 비롯한 동남아시아의 인도양 연안 지역과 동북아시아 등 태평양 서안 지역에서 발견된다. 즉 유라시아 대륙을 에워싸고 대양에 인접한 곳을 중심으로 전 세계적인 분포를 보인다. 특히 동북아시아 지역에 밀집된 분포권을 형성하고 있으며, 우리나라는 약 4만여 기의 고인돌이 발견되어 세계적으로 가장 조밀한 분포상을 보이는 고인돌의 중심 분포지이다. 그중에서도 전남 지방에 약 2만여 기 이상이 몰려 있다. 우리나라와 인접한 중국이나 일본에서도 이보다 드물게 고인돌이 발견된다. 일본에는 6백여 기, 중국은 랴오닝성에 750여 기, 저장성에 50여 기가 분포된 것으로 알려져 있다. 유럽 전역에는 고인돌을 포함해서 약 6만여 기의 거석물이 분포한 것으로

동북아시아 고인돌 분포도

추산되고 있지만 길쭉한 돌을 이용해 세운 선돌이 대부분이다.

우리나라의 고인돌은 주로 강가나 하천변의 충적대지, 구릉 정
상부와 그 사면, 고갯마루, 산기슭 등 사람들이 활동하는 범위 안에
자리잡고 있다. 충적대지에서는 강이나 하천과 나란하게 열을 지어
나타나며, 대부분 후대에 홍수로 인해 흙에 묻힌 경우가 많다. 하천
변의 논이나 밭에 대개 수 기에서 수십 기가 무리를 이루면서 열을
지어 있다. 구릉이나 산기슭에는 구릉 방향으로, 또는 산줄기를 따라
고인돌들이 열을 지어 배치되었다. 고인돌은 무리지어 있는 것이 많

고갯마루에 있는 곡성 연반리 고인돌

평지가 내려다보이는 곳에 있는 화순 괴바위 고인돌

평지가 바라다보이는 구릉상의 고창 상금리 고인돌

구릉상에 열 지어 있는 나주 운곡동 고인돌

지만, 단독으로 발견된 경우 평지보다 높은 구릉 정상이나 산기슭 등 거주지 및 생산 활동 근거지가 내려다보이는 입지에 위치하며 받침돌이 드러나 있어 형태나 규모 면에서 돋보인다.

우리나라의 고인돌은 외형적 형태에 따라 크게 탁자식, 바둑판식(기반식), 개석식, 위석식 등으로 분류한다. 탁자식은 원래 잘 다듬어진 판석 4장으로 짜 맞춘 석실을 지상에 축조하고 그 위에 편평한 판석 형태의 돌을 얹어놓아 마치 책상 모양이며, 주로 북쪽에서 많이

평지 논 속의 화순 운월리 고인돌　　　　　　　　　숲 속의 해남 연정리 고인돌

밭 사이 평지에 있는 해남 방축리 고인돌(서배스천 제공)

나타나 북방식이라고도 한다. 중국 랴오닝 지역이나 북한 지역의 규
모가 큰 탁자식 고인돌은 긴 벽석 2장과 짧은 벽석 1장 등이 덮개돌
을 직접 받치고 있기 때문에 3개의 벽석이 잘 남아 있다. 짧은 벽석 1

탁자식 고인돌(정면, 포천 금현리)

탁자식 고인돌(측면, 포천 금현리)

탁자식 고인돌(파주 덕은리)

탁자식 고인돌(나주 회진리)

바둑판식 고인돌(영광 성산리 평금)

바둑판식 고인돌(화순 벽송리)

바둑판식과 개석식이 결합된 고인돌(영암 엄길리)

바둑판식과 소형 탁자식이 결합된 고인돌(무안 상마리)

석실이 드러난 영암 엄길리 개석식 고인돌

석실이 드러난 완도 청산도 개석식 고인돌

위석식 고인돌(제주 용담동)

위석식 고인돌(담양 궁산리)

장은 개폐가 용이하게 조립하여 후대에 유실되거나 무너져 있는 것
이 대부분이다. 남쪽의 탁자식 고인돌은 긴 벽석 2장만 덮개돌을 직
접 받치고 있고, 양쪽의 짧은 벽석(단벽)은 후대에 훼손된 것이 많다.

기반식은 판석을 조립하거나 깬돌로 쌓은 석실을 지하에 만들
고 그 주위에 받침돌 4개 정도를 놓은 다음, 위에 커다란 돌을 올려
놓아 마치 바둑판 모양이며, 주로 남쪽에 집중되어 있어 남방식이라
고도 부른다. 전형적인 기반식 고인돌은 받침돌을 4개 고인 것이 기
본이지만, 덮개돌이 거대하거나 덮개돌에 비해 작은 받침돌을 고인
경우는 많게는 10여 개까지 받침돌이 사용되었다.

개석식은 지하에 만든 석실의 뚜껑으로 덮개돌이 놓인 형식으
로 중국 랴오닝 지역, 한반도, 일본 규슈 지역에 널리 분포하고 있다.
이 형태의 고인돌은 대부분 무덤으로 쓰였고, 부장유물이 함께 발견
된다.

위석식은 땅 위에 10여 장의 판상석을 조립해 덮개돌을 받치고
있는 형태이다. 즉 잘 다듬어진 판상석들이 덮개돌의 가장자리를 따
라 빈틈없이 세워져 있는 형태로, 제주의 특징적인 고인돌이어서 제
주식 고인돌이라고도 한다.

이와 같은 우리나라 고인돌의 다양한 형태 가운데 탁자식 고인
돌은 다른 나라에서도 발견되는 세계적인 거석문화의 한 유형이지
만, 판상석이 아닌 거대한 덮개돌을 받치고 있는 기반식 고인돌은 한
국 고인돌만의 독특한 형태이다.

북한에서 발견된 고인돌은 대부분 탁자식과 개석식이며, 남쪽
에서 보이는 형태의 거대한 기반식은 아직 발견된 바 없다. 따라서

오덕형(탁자식) 고인돌(북한 은율 관산리)

오덕형(탁자식) 고인돌(북한 배천 용동리)

침촌형(개석식) 고인돌 석실 모습(북한 황주 침촌리 천진동)

묵방형(개석식) 고인돌(북한 개천 묵방리)

북한에서는 고인돌을 남한과는 다르게 분류하는데, 발굴된 지역명
을 붙여 오덕형, 침촌형, 묵방형으로 나눈다. 오덕형은 탁자식, 침촌
형과 묵방형은 개석식의 일종이다. 오덕형은 판석 3장 또는 4장을 사
용해 지상에 석실을 조립한 형태이다. 무덤방 안에 칸막이를 설치한
경우도 있는데, 남한 지역에서는 아직 확인되지 않은 시설이다. 침촌
형은 넓은 적석형 묘역시설 안에 고인돌 3~5기가 있는 형식인데, 개
별적으로는 모두 개석식 고인돌이다. 이런 형식의 무덤방은 탁자식

묵방형(개석식) 고인돌 석실 모습(북한 개천 묵방리)

처럼 각 벽석은 한 장의 판석을 이용했지만 남한에서는 이와 유사한
묘역시설안에 여러 장의 판석이나 깬돌을 쌓아 만든 무덤방이 확인
된다. 묵방형은 판석이나 깬돌割石(쪼갠돌)으로 쌓은 돌덧널형(석곽
형) 무덤방 단벽 쪽에 판석으로 문이 설치된 형식이다. 이런 형태도
남한에서는 아직 확인되지 않고 있다. 이러한 세 가지 유형은 각각
지역성을 보이고 있는데, 탁자식인 오덕형은 전 지역에서 발견되지
만 침촌형은 대동강유역과 그 이남에서, 묵방형은 대동강과 청천강
사이에서 주로 발견된다.

　우리나라의 고인돌은 땅 위와 아래에 일정한 구조물을 갖추고
있는 것이 특징이다. 즉 땅 위에는 덮개돌, 지표면에는 묘역시설과

받침돌, 땅 밑에는 무덤방이 있다. 땅 위에 드러나 있는 덮개돌은 덩이돌처럼 생긴 것에서 납작한 판상석까지 매우 다양하다. 한반도 북쪽에서는 판상석이 주를 이루나 남쪽으로 올수록 괴석 형태의 덮개돌이 많아진다.

묘역 시설은 고인돌 주위에 돌을 깔거나 석축으로 구획하여 무덤의 영역을 표시하는 시설이다. 묘역 시설에는 묘역 가장자리를 2~5단 정도 쌓은 석축石築형, 가장자리를 정교하게 구획하고 그 안에 깬돌을 여러 겹 쌓은 적석積石형(돌무지형), 가장자리를 정연하게 구획하고 판석이나 납작한 돌을 바닥에 한 겹 깐 부석敷石형(돌깐형, 포석형), 고인돌 주위에 납작한 돌을 세워 구획한 구획區劃형, 고인돌 주위에 도랑을 판 주구周溝형 등 다양한 형태가 있다. 특히 석축으로 구획한 장방형 묘역은 창원 덕천리 고인돌처럼 한 변이 60미터에 이르는 것도 있다. 이러한 묘역 시설은 남해안 일대를 중심으로 한 남부 지역에서 주로 나타난다.

무덤방은 묘광을 파고 그 내부에 주검이 안치될 석실을 만든 후 1장 혹은 4~6장의 납작한 돌로 위를 덮어서 만든다. 석실의 유형은 판석으로 조립한 돌널형石棺形, 깬돌이나 냇돌로 쌓은 돌덧널형石槨形이 대부분이며, 자연석을 둘러놓아 무덤방의 벽 겸 받침돌로 고인돌돌림형圍石形, 구덩을 파고 목관을 안치한 구덩형土壙形, 한쪽은 판석을 세우고 다른 쪽은 할석을 쌓은 혼축형 등 여러 형태가 있다.

이처럼 우리나라 고인돌 구조는 비교적 단순한 구조인 다른 나라 고인돌과는 달리 매우 복잡하고 다양한 구조를 가지고 있다. 이러한 차이는 유럽 등 다른 지역에서는 하나의 고인돌에 여러 사람을

석축형 묘역시설(진주 이곡리)

적석형 묘역시설(합천 저포리, 부산대학교 박물관 제공)

적석형 묘역시설(진주 초장동)

부석형 묘역시설(무안 성동리, 목포대학교 박물관 제공)

구획형 묘역시설(나주 장산리 동령, 마한문화재연구원 제공)

주구형 묘역시설(고창 부곡리, 호남문화재연구원 제공)

묻는 다장多葬 형식이었던 데 반해 우리나라의 고인돌이 한 사람만을 위한 무덤인 데서 기인한다. 이외에도 덮개돌 밑의 구조물인 묘역시설의 한 변이 수십 미터에 이르는 큰 규모인 점, 과학적인 축조 기획에 의해 장방형과 원형으로 묘역 시설을 만든 점, 덮개돌의 형태에 따라 받침돌을 선택한 점, 무덤방의 축조가 매우 정교한 점 등이 다른 나라에서는 볼 수 없는 한국 고인돌만의 특징이다.

장방형으로 구획된 돌널형 무덤방 (보령 평라리)

돌널형 무덤방(김해 율하리)

원형으로 구획된 돌덧널형 무덤방(진주 가호동)

돌덧널형 무덤방(장흥 갈두리)

내세를 기원하는 부장풍습

고인돌에서 출토되는 유물은 크게 무덤방 안에서 발견된 부장유물과 무덤방 주변에서 발견되는 의례유물로 구분된다. 부장용 유물들은 주검을 매장 시에 함께 넣어둔 유물이며, 무기류, 공헌토기류, 장신구류 등이 있다. 가장 많은 것은 무기류인 간돌검石劍과 돌화살촉石鏃이다. 당시에 희귀하고 특수계층만 사용된 것으로 여겨지는 청동기는 비파형동검琵琶形銅劍이 대부분이다. 공헌토기는 단지형 채색토기로, 적색마연토기紅陶와 가지문토기彩文土器, 굽다리토기(대부소호)가 있다. 장신구는 천하석제 곱은옥曲玉과 벽옥제 대롱옥管玉이 있는데, 곱은옥은 귀걸이용으로, 대롱옥은 목걸이나 옷을 치장하는 데 쓰였다.

의례용 유물은 고인돌 축조와 제의에 사용된 것이며, 파편이나 일부를 의도적으로 깨뜨린 것들이다. 사냥용인 돌화살촉, 수확용인 돌칼과 돌낫, 공구류인 돌도끼·돌자귀·돌끌·돌대패날, 그 밖에 그물추, 가락바퀴, 숫돌, 갈판과 갈돌 등 일상생활과 관련이 깊은 다양한 생활용 석기들과 토기들이 깨진 채로 발견된다.

고인돌의 부장유물은 죽은 사람에 대한 애도와 존경 등을 표시하는 풍습의 결과물이며, 당시 그 지역에 살던 종족의 내세관 및 현세관이 반영되어 있다. 무기류는 현세에서 자기를 보호하는 기능과 상대방을 제압하는 기능을 가질 뿐만 아니라 권위와 사회적 지위를 상징한다. 고인돌 부장품 중 적색마연토기는 제의용 그릇으로, 표면이 붉은 색을 띠고 있어 벽사의 의미와 내세에 부활을 바라는 뜻이

석검 부장 모습(여수 적량동)

석검과 옥 부장모습(순천 우산리)

비파형동검 부장 모습(여수 적량동)

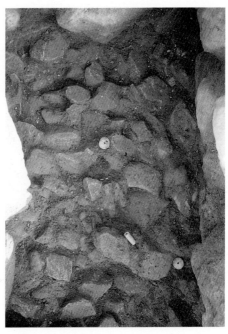

옥 부장 모습(여수 평여동)

담겨 있는 유물이다. 검과 옥은 살았을 당시의 사회적 권위와 신분을 죽은 후에도 누리라는 의미로 조상 숭배 사상에서 기인한 것이다. 또한 조상으로부터 보호받고자 하는 욕구가 내포되어 있다. 이는 현생과 사후 세계를 연결하여 영원한 생명력을 갖도록 한 종교의식의 일

적색마연토기 부장 모습(고흥 운대리, 국립광주박물관 제공)

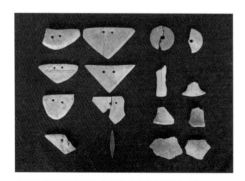

의례용 유물(영암 서호리, 동북아지석묘연구소 제공)

간돌검과 의례용 유물(여수 적량동)

가지문토기(화순 장학리, 국립광주박물관 제공)

가지문토기와 석촉·옥(나주 장동리, 전남문화재연구원 제공)

종이라고 볼 수 있다.

　고인돌에서 출토되는 부장유물 중 간돌검이나 비파형동검 등 무기류는 뛰어난 대칭의 미학을 담고 있다. 간돌검은 손잡이를 크게 제작하여 대칭미를 극대화시키거나 손잡이에 조그마한 구멍을 뚫어 장식하기도 했다. 무늬가 있는 간돌검은 돌결의 화학적 변화에 따라 대칭적으로 다양한 무늬가 나타난다. 청동검은 구리와 주석 같은 재료의 산지가 한정적이었으므로 구하기가 쉽지 않은 데다 일정비율로 합금하는 제작 기술은 당시 최고의 첨단기술이었기에 전문 장인 집단만 제작할 수 있는 귀중품이었다.

　공헌토기는 적색마연토기와 가지문토기가 있다. 이 토기는 일상용 토기와는 달리 채색된 점에서 특별히 제작한 부장용이거나 제의에 사용된 의례용 토기로 보고 있다. 붉은색 마연 수법, 가지문의 흑색 표현, 토기가 매우 얇은 점 등으로 미루어볼 때 당시 최고 토

간돌검(여수 적량동)   비파형동검(여수 월내동)

기 제작기술이 반영된 것이다. 장신구는 천하석제 곱은옥과 벽옥제 대롱옥이 있는데, 귀걸이나 목걸이, 옷을 치장하는 데 쓰였던 것으로 추정된다. 이 옥은 재료의 산지가 한정되어 있고, 옥 제작에 고도의 전문인이 필요하므로 일부 특수한 사람만이 사용했을 것이다. 옥을 갈고 자르고 미세한 구멍을 뚫는 작업은 전문적인 옥 가공 장인이 있었음을 보여준다. 경남 진주 남강댐 청동기시대 집자리住居址에서는 옥 가공과 관련된 옥 원료, 옥 가공을 위한 도구, 가공에 실패한 반파품, 옥가공품에서 나온 부스러기 등과 함께 구멍 뚫는 석침, 옥을 가는 숫돌 등이 발견되기도 하였다.

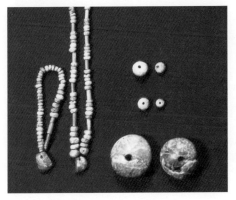

곱은옥, 소옥, 대롱옥, 환옥(여수 평여동)   곱은옥과 대롱옥(영암 망산리)

토목건축술에 기반한 고인돌 축조 과정

고인돌에서 가장 사람들의 관심을 끄는 부분은 땅 위에 드러나 있는 거대한 덮개돌일 것이다. 우리나라 고인돌의 덮개돌 무게는 보통 5톤에서 10톤 이내지만 대형 고인돌은 50톤에 이르며, 심지어 100톤 이상인 것도 있다. 무거운 덮개돌의 운반부터 복잡한 구조의 고인돌의 축조까지, 이는 현재의 중장비를 동원하여도 불가능에 가까울 정도로 어려운 작업이다. 탁자식 고인돌을 축조할 때는 지상의 받침돌 위에 덮개돌을 올리는 데, 바둑판식 고인돌을 축조할 때는 덮개돌을 옮기는 데에 고도의 기술이 필요했을 것이다. 특히 비좁은 공간에 세워진 고인돌은 지형적 조건으로 볼 때 많은 사람이 동원되어도 힘을 모을 수 없는 지세이기 때문에 인간의 힘에 의한 고인돌 축조 기술은 학문적으로 풀 수 없는 불가사의이자 수수께끼이다.

하나의 고인돌을 축조하려면 덮개돌을 구하는 사람, 무덤방을 만드는 사람, 운반로를 만드는 사람, 덮개돌을 끄는 사람, 지휘하는 사람, 음식물을 제공하는 사람 등 많은 인원이 동원되어야 한다. 또한 고인돌의 축조 설계에는 주검의 안치 방법에 따른 무덤방 구조, 무덤방 주변의 묘역시설의 형태와 크기에 따른 부지 정리 작업의 범위, 덮개돌을 올리는 방법, 축조 기획에 의한 장방형과 타원형의 묘역시설, 덮개돌의 형태에 따른 받침돌의 선택, 정교한 무덤방의 축조 등과 더불어 부지 정리와 석재를 구하고 운반하는 데 필요한 인력을 산출하는 전문 기획 설계자 없이는 가능하지 않다. 그러니 이와 같은 일련의 작업은 이를 관장하는 강력한 지도자의 통솔하에 이루어졌을 것으로 추정할 수 있다. 규모에 따라 동원 인력의 차이가 있겠지만, 고인돌의 축조는 대체로 그 당시 최대의 토목공사였을 것이다. 이와 같은 고인돌 축조는 한 혈연집단뿐 아니라 이웃 혈연집단까지 동원해야 가능한 공동체 집단의 의례 행위였다.

고인돌을 축조하는 과정은 묘지 선정에서 마지막 제사까지 여러 단계를 거쳐 진행되었을 것이다. 먼저 묘지를 선정하고 그 부지를 정지하는 작업이 필요하다. 묘지 선정은 주변의 여러 집단의 동의와 협의를 거쳐 일정한 지형을 택한 후 땅을 다듬어야 한다. 덮개돌은 대부분 암벽에서 알맞은 크기와 형태로 바위를 떼어내서 사용하였다. 암벽의 절리를 이용하거나 구멍을 판 후 쐐기나 지렛대를 사용해 분리한다. 덮개돌을 묘지까지 옮기는 데는 운반로를 이용했다.

통나무를 바닥에 깔아 굴림대로 쓰면서, 그 위에 덮개돌을 올려놓고 뒤에서 지렛대로 밀거나 앞에서 끌어가는 방법과 Y자 형태

의 나무끌개를 이용하여 덮개돌을 옮기는 방법을 사용했을 것으로
추론하고 있다. 상대적으로 가벼운 덮개돌을 옮길 때 가까운 거리에

무덤방 축조를 위해 성토된
모습(대전 비래동)

고인돌 운반로 모습
(진안 여의곡)

는 덮개돌을 묶은 밧줄에 긴 막대를 끼워서 여러 사람들의 어깨에 걸쳐 옮기는 목도식과 지렛대를 이용해 덮개돌을 들거나 밀어서 옮기는 지렛대식, 먼 거리에는 덮개돌을 밧줄에 묶어서 끌어가는 끌기식牽引式이 주로 이용되었다.

주검이 안치될 무덤방은 먼저 묘광을 파고 무덤방을 만든 후 주검 곁에 무기류나 장신구, 공헌토기를 부장하기도 한다. 무덤방 주위에 받침돌을 배치하고 묘역을 구획한 다음, 끌어올리기 쉽도록 흙과 잡석, 통나무를 이용해 경사면을 만든 뒤 덮개돌을 옮겼을 것으로 추정된다. 덮개돌이 편평한 고인돌은 위와 같은 방법으로 축조가 가능하지만, 그렇지 않은 경우는 일정한 높이까지 잡석과 통나무를 쌓고 밀어서 올리거나 활주로 같은 가설물을 설치하여 끌어 올리는 방법을 사용했을 것이다.

덮개돌을 올릴 때 균형을 맞추는 작업은 고인돌 축조에서 가장 어려운 단계 중 하나이다. 받침돌 위에 균형을 유지하도록 정확하게 올리는 데는 고도의 토목건축학 기술이 필요하다. 탁자식의 경우에는 벽석을 안으로 기울게 하여 무너짐을 방지하거나, 덮개돌 밑면에 놓일 위치에 따라 받침돌의 상면을 치석하여 조정한 흔적이 있다. 바둑판식의 경우에도 균형이 잡히도록 받침돌을 배치하는 것은 치밀한 기획이 필요한 작업이다.

고인돌 축조가 완성되면 마지막으로 죽은 사람을 위한 제사나 동원된 사람을 위한 향연 같은 제의 행위가 이루어졌다. 묘역 주위에서 깨진 토기나 석기편이 발견되는 것은 그로 인한 흔적이다.

우리나라에서 발견된 고인돌 가운데 황해도 은율 관산리 고인돌, 강원도 철원 토성리 고인돌, 전북 고창 도산리 고인돌 등은 축조 당시의 모습을 그대로 간직한 대표적인 탁자식 고인돌이다. 탁자식 고인돌은 지상에 석실의 벽석들이 드러나 있기 때문에 후대에 지진

안기울임된 탁자식 고인돌
(철원 토성리)

덮개돌 가장자리의 받침돌
모습(영광 복룡리, 전남대
학교 박물관 제공)

이나 홍수 등 지형 변화로 훼손될 위험성이 매우 높다. 그렇기 때문에 무너짐을 방지하기 위해 토층 기반을 다지고, 덮개돌의 무게에 의해 기울어지지 않도록 바닥이 넓고 위가 약간 좁게 벽석을 안기울임하거나, 덮개돌 밑면의 형태에 따라 벽석 상단을 치석하여 조정하거나 끼움석으로 보강하는 한편, 벽석을 세울 때도 보강석으로 튼튼하게 한 흔적들이 남아 있다.

바둑판식 고인돌은 전북 고창 죽림리 고인돌, 전남 화순 벽송리 고인돌, 경남 창녕 유리 고인돌 등이 원형이 잘 보존된 대표적 사례다. 대개 4개의 받침돌이 고여 있는데, 덮개돌 밑면이 수평인 경우에는 장단축의 균형에 맞추어 받침돌을 가장자리 쪽에 배치하고, 받침돌의 상면을 다듬어서 덮개돌 밑면과 잘 밀착되게 했다. 또 덮개돌이 수평을 유지할 수 있도록 받침돌과의 사이에 끼움석(쐐기)을 보강하여 조정하기도 했다. 괴석형 덮개돌들은 대부분 밑면이 볼록한데, 받침돌을 좀 더 안쪽으로 배치해서 받침돌이 밀려나는 것을 예방했으며, 밑면이 오목한 경우는 가장자리 쪽에 배치하여 안정감을 준 점이 돋보인다. 이러한 기술은 덮개돌의 형태와 크기에 따라 받침돌의 위치를 조정하여 수평과 균형을 유지하고 후대에 쉽게 훼손되는 것을 방지하였다. 그리고 덮개돌의 무게가 40~50톤 이상일 때는 덮개돌 중앙에 받침돌을 첨가한 예도 일부 확인된다.

개석식 고인돌은 거의 지면에 놓여 있기 때문에 지형 변화 등의 영향이 적어 원형이 잘 보존된 편이나, 일부는 후대 사람들에 의해 훼손된 것도 있다. 그리고 위석식 고인돌은 덮개돌 가장자리를 돌아가면서 판상석들이 안기울임 형태로 받치고 있어 탁자식과 바둑판식의 받침돌 고이는 방식이 절충된 것으로 보인다.

　이러한 덮개돌과 받침돌의 역학관계는 3천 년 동안 축조 당시의 모습을 그대로 간직할 수 있게 해준 토목건축학적 지혜다. 수천 년 동안 원형의 변화 없이 현재까지 잔존하는 거석문화는 고인돌이

고창 도산리 탁자식 고인돌

덮개돌과 받침돌의 결구 상태(중국 시무청 탁자식 고인돌)

덮개돌과 받침돌의 그랭이 공법(강화 부근리 점골 고인돌)

유일하다. 세계적으로 유명한 영국의 스톤헨지나 이집트의 피라미드, 캄보디아의 앙코르와트, 이스터섬의 석상 등이 인위적으로 훼손되기도 하였지만 모두 수백 년 혹은 수천 년의 풍상을 견디지 못하고 훼손되거나 무너진 것과는 대조적이다.

받침돌과 쐐기돌 모습(화순 대신리 핑매바위)

덮개돌과 받침돌 사이의 쐐기돌(창녕 유리)

덮개돌 밑을 치밀하게 고인 받침돌(제주 용담동)

덮개돌 밑에 고인 받침돌 내부 모습(제주 용담동)

4 과학적인 고인돌 축조 기술

거대한 고인돌은 어떻게 만들어졌을까? 고인돌 축조에 대한 고고학 자료는 극히 일부만 남아 있기 때문에 전체적인 모습을 그려볼 수 없다. 하지만 옛 문헌이나 거석을 운반하는 부조상과 그림, 그리고 지금도 축조되고 있는 고인돌의 민족지학적 자료를 근거로 어느 정도 추정하는 것은 가능하다. 여기서 고인돌의 축조 과정에 나타난 것들은 기존의 학술 자료와 함께 인도네시아 숨바섬의 거석묘 축조를 통해 나타난 사실을 바탕으로 재구성한 것이다.(『지금도 살아 숨 쉬는 숨바섬의 지석묘 사회』, 가종수 외, 북코리아, 2009 참조)

덮개돌 채석하기

덮개돌을 얻는 가장 쉬운 방법은 암반에서 굴러 떨어져 산기슭에 놓인 바위를 이용하는 것이다. 그렇지 않은 경우 풍화 작용으로 암반에 형성된 틈에 쐐기나 지렛대를 이용하여 분리해야 한다. 실제 실험해본 결과 많은 시간을 소요하지 않고 덮개돌을 떼어낼 수 있었다고 한다. 우리나라의 암석 구조는 화강암과 편마암 계통이 주를 이루고 일부 화산 폭발로 형성된 응회암이 많다. 이 암석들은 절리와

자연 암반을 이용한 채석장
(화순 효산리)

덮개돌을 떼어내기 위한 홈줄(강화 오상리)

덮개돌을 떼어내기 위한 홈줄(중국 타이즈툰)

편리가 잘 발달되어 있다. 덮개돌로 응회암과 편마암이 많이 쓰인 것
은 이 때문이다.

　　전통적인 덮개돌 채석 방법은 암석에 일정한 크기로 홈을 판 뒤
마른 나무를 박고 계속적으로 물을 부어 나무가 부풀어 올라 부피가

덮개돌에 남아 있는 채석
흔적(순천 죽림리)

덮개돌 측면에 뚫은 채석 구멍열(화순 효산리)

석재를 분할해 쌓은 모습(진주 가호동)

늘어나면서 석재가 분리되는 현상을 이용한 것이다. 대체로 마른 나무에 물을 부으면 10% 이상의 팽창률을 보이기 때문에 쉽게 덮개돌을 분리할 수 있다. 주로 물에 의해 부풀려지는 비율인 팽윤율이 높은 참나무류 등을 썼을 것으로 추정된다. 겨울철에는 암석의 틈에 물을 붓고 얼면서 부피가 늘어나는 힘을 이용하기도 했다. 얼음의 경우는 대개 4%의 팽창률을 보인다고 한다. 이외에도 암석을 떼어내고자 하는 부분에 나무를 이용해 불을 붙여서 분리하는 방법도 있다고 한다. 한편 바위틈에 나무쐐기를 박고 망치로 내려치는 것이 분리하는 데 더 용이하다는 실험 결과도 있다. 고인돌의 덮개돌로는 절리나 편리가 발달된 풍화된 암석을 선호하였고, 덮개돌보다 더 단단한 돌(섬록암이나 현무암)을 망치로 이용했을 것으로 추정된다. 당시 사람들은 채석의 원리, 즉 나무와 물의 팽창 원리를 이용하여 필요한 석재를 원석에서 쉽게 분리시킬 수 있는 과학 기술을 잘 알고 있었던 것이다.

덮개돌 운반을 위한 사전 작업들

고인돌 덮개돌의 운반 방법은 고인돌에 남아 있는 흔적, 즉 덮개돌 밑면에 나타난 통나무 굄 흔적, 측면의 밧줄 홈 흔적 등으로 알 수 있다. 이 흔적은 운반 과정의 일부만 추정할 수 있을 뿐 전체적인 운반 방법을 추론하기에는 부족하다. 이를 보완하기 위해 거석을 운반하는 장면이 표현된 피라미드 석상을 운반하는 모습의 이집트 부조상이나 성돌을 운반하는 모습을 담은 일본 축성도, 문헌과 고고학 자료에 보이는 거석 운반 도구, 거석 운반과 축조 실험 사례, 그리고 현재 거석묘를 조성하고 있는 민족지 고고학을 토대로 재구성할 수 있을 것이다. 특히 인도네시아 숨바섬의 거석 운반 사례는 이를 추론하는 데 매우 유용한 자료다.

덮개돌을 옮기려면 운반로가 있어야 한다. 전북 진안 용담댐 여의곡에서 발견된 통나무를 두 줄로 레일처럼 배치한 흔적으로 알 수 있다. 이는 일반적이지 않고 지반이 약한 지형에서 사용한 것으로 추정된다. 인도네시아 숨바섬의 경우, 산길에서는 나무와 잡목을 제거하여 길을 내서 운반하며, 일부는 마을로 통하는 기존의 길을 이용한다. 언덕 정상부에 축조되는 거석묘의 경우 비좁은 마을길을 통과해야 하기 때문에 돌담을 제거하기도 한다.

거석을 운반할 때 사용된 나무끌개(나무썰매, 나무끌판)는 선사시대의 이집트 부조상이나 일본 고분 축조 시에 사용된 거석 운반 도구, 1607년에 제작된 일본 준부성駿府城 축성도築城圖 병풍, 1796년 화성 성역의궤城役儀軌의 구판駒板, 인도네시아 숨바섬의 거석 운반 도

고인돌을 끌기 위해 판 밧줄 홈 흔적(연천 통현리)

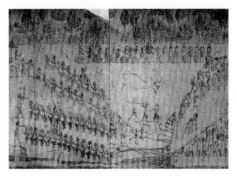

석상 운반 모습(니네베의 센나케리브 궁전에 있는 부조)

구에서도 확인되고 있다. 이 자료는 전 세계적으로, 그리고 선사시대부터 오늘날까지 거석 운반에 나무끌개가 사용되었음을 보여준다. 따라서 우리나라의 고인돌 축조에서도 나무끌개가 사용되었다고 추정할 수 있다.

약간의 차이는 있지만 대부분 나무끌개의 형태는 두 개의 통나무를 조립해 연결하거나 두 갈래의 나무를 이용한 Y자, 혹은 V자 형태이다. 두 개를 연결시킬 때는 큰 못과 칡넝쿨, 마로 엮은 줄을 사용한다. 그리고 나무끌개가 굽어서 앞이 들려진 것이 거석을 운반하는 데 용이하다고 한다. 나무끌개의 머리 부분과 양 갈래에는 여러 개의

일본 거석 운반 모습(일본 순푸성 축성도 병풍)

일본 오사카성 거석 운반 그림

고인돌 이동 후 보관한 나무끌개
(인도네시아 숨바섬, 윤호필 선생 제공)

마을에 보관 중인 나무끌개(인도네시아 숨바섬)

고인돌 나무끌개 위에
올려진 덮개돌 재현 모습
(일본 도묘지)

구멍을 뚫어 끈으로 통나무나 덮개돌을 고정할 수 있게 하였다. 나무
끌개의 크기는 보통 5~7미터이다. 이런 나무끌개는 일회용이지만 일
부에서는 일정한 장소에 따로 보관해두기도 한다. 인도네시아 숨바
섬의 경우 칼, 도끼, 망치, 톱 등 철제 도구를 사용해 앞머리 부분에
사람 얼굴을 조각하고, 끌개에 구멍까지 낸 나무끌개를 완성하기까

덮개돌을 이동하기 위한
시설(인도네시아 숨바섬,
윤호필 선생 제공)

지는 2~3주가 걸린다고 한다. 석기를 이용했던 선사시대에는 더 많
은 시간이 소요되었을 것이다.

　나무끌개 위에 덮개돌을 올리는 작업에는 고도의 숙련이 필요
하다. 나무끌개에 정확하고 안전하게 올려야 운반할 때 돌이 미끄러
지거나 넘어지는 현상을 방지할 수 있기 때문이다. 덮개돌 적재 방법
에는 나무끌개 위에 가로질러 통나무를 배치한 후에 올리게 되는데,
채석장 아래로 나무끌개와 연결되도록 통나무를 설치하여 덮개돌을
끌어올리는 방법과 덮개돌을 세운 뒤에 서서히 넘어뜨려서 올리는
방법이 있다. 현재도 거석묘 축조가 이루어지고 있는 인도네시아 숨
바섬에서는 지형과 상황에 따라 두 가지 방법이 모두 사용된다. 덮개
돌은 나무끌개 위로 올리는 데만 수 일이 걸린다고 한다. 한편 프랑
스에서 진행된 거석 운반 실험에서는 긴 통나무 지렛대 3개에 각각

약 20명씩(총 60명)이 한쪽을 들어 올리면 통나무를 쐐기처럼 끼워 넣는 방법을 반복하여 거석을 나무끌개 위에 올리기도 했다.

　나무끌개 위에 덮개돌을 올린 뒤에는 미끄러지거나 넘어지지

고인돌 나무끌개 위에
올려진 덮개돌 모습
(화순 선사체험장)

고인돌을 끌기 위해 준비된
모습(인도네시아)

않도록 결박하는 작업이 필요하다. 덮개돌을 오늘날 물건 포장하듯이 밧줄로 묶는 것인데, 이 밧줄을 나무끌개 위에 올려진 통나무와 나무끌개 측면에 파여진 구멍에 연결시켜 견고하게 고정시킨 모습이 거석 운반에 관련된 자료에서 나타난다. 숨바섬의 사례를 보면, 덮개돌을 결박할 때는 나무끌개 위에 바로 덮개돌을 올리지 않고 통나무를 배치한 후에 올려서 결구해 묶었다. 즉 덮개돌에 장축 6개, 단축 3개씩 통나무를 일정한 간격으로 배치하고 측면에도 상하로 통나무를 걸쳐서 각각 만나는 점을 결박하여 동여매는 형태이다.

이와 같은 자료를 바탕으로 덮개돌이 적재된 모습을 재구성하면, 바닥에 통나무 굴림대가 있고 그 위에 나무끌개가 놓이며, 나무끌개 위에 통나무를 걸친 후 덮개돌을 올리고 통나무와 함께 밧줄로 결박한 모양이다. 이런 세심한 결박 작업은 나무끌개의 폭보다 넓은 덮개돌이 안전하게 놓이면서 덮개돌 무게로부터 하중을 분산하는 역할을 한다. 숨바섬에서는 나무끌개 위에 가로 놓인 통나무와 덮개돌 측면에 나뭇가지를 이용해 포장하여 칡넝쿨로 묶기도 하는데, 덮개돌 상면 중앙에는 고리 모양의 태(똬리)를 만들어 방사선의 각 방향으로 묶는다.

덮개돌 운반 방법과 과정

거대한 고인돌을 운반하는 작업은 최소한 세 가지 요소가 갖추어져야 한다. 밧줄, 통나무, 인력이다. 밧줄은 덮개돌을 묶거나 끌기 위해, 통나무는 덮개돌을 쉽게 옮기기 위해 필요하다.

밧줄은 덮개돌을 끌거나 균형을 잡기 위해 없어서는 안 되는 도구다. 선사시대에는 식물 줄기를 엮어 사용했을 것으로 추정하지만 유기물이어서 지금까지 남아 있는 경우는 거의 없다. 담쟁이나 칡 넝쿨 같은 넝쿨류의 식물 줄기가 보편적으로 이용되었다. 우리나라의 경우 청동기시대의 토기에 남아 있는 끈으로 엮은 망 흔적이나 함북 무산 범위구석 유적에서 출토된 끈(밧줄), 고인돌 축조보다 시기는 늦지만 방패형 청동기에 나타난 끈으로 만든 고리, 광주 신창동에서 출토된 끈 등으로 보아 식물성 줄기를 이용해 밧줄을 만들었음을 알 수 있다. 특히, 광주 신창동 저습지 유적에서는 삼씨와 함께 벼과 식물을 이용한 대량의 삼끈과 새끼줄이 출토되었다.

밧줄을 연결할 때는 운반 시 힘의 분산을 막고 굴곡이 있는 길을 지날 때 균형을 잡으면서 앞으로 전진하기 용이하도록 한다. 여러 사례에서 보면 나무끌개 머리 부분의 구멍에 두 줄기의 밧줄이 연결

고인돌 운반 재현 모습(화순 선사체험장)

고인돌 운반하는 모습(인도네시아)

되는 것이 일반적이다. 이 밧줄이 끌기 작업에서 중심적인 역할을 한다. 다른 밧줄은 나무끌개 측면 구멍과 연결하거나 덮개돌에 결박한 밧줄과 연결되어 있는데, 두 줄 또는 네 줄이 있지만 대체로 두 줄이 많다. 나무끌개와 직접 연결하는 것에는 머리 부분의 구멍(2개), 좌우의 중앙부 구멍(각 1개)을 이용해 모두 네 줄을 연결한 것과 머리 부분, 전방의 두 개의 구멍을 이용해 각 두 줄씩 모두 여섯 줄을 연결한 것이 있다. 덮개돌과 연결된 밧줄은 운반할 때 끊어지는 것을 방지하기 위해 모서리 양쪽에 짧은 나무를 끼워 고정하기도 하며, 이집트 석상 운반 시처럼 나무끌개 구멍과 밧줄에 물을 붓기도 한다.

거석 운반에서 나무끌개에 연결되는 밧줄은 앞머리 부분 두 줄이 중심적인 역할을 하며, 양 옆의 밧줄은 끌어당기는 역할과 더불어 속도의 완급과 방향을 조정하는 역할을 한다. 평지에서는 큰 어려움이 없지만 오르막과 내리막의 경우에는 속도 조절이나 방향을 잡기가 매우 어렵다. 숨바섬에서의 실례는 두 가지가 있는데, 하나는 평지와 오르막길에만 통나무 굴림대가 사용되고, 내리막길에서는 굴림대 없이 측면의 두 줄을 뒤에서 잡아당겨 브레이크 역할을 하면서 덮개돌을 이동시킨다. 다른 사례는 오르막 산길에서는 역방향으로 구르는 것을 방지하기 위해 나무끌개 밑의 굴림대를 제거하고 사람의 힘만으로 끌고 가며, 내리막길에서는 나무끌개 중앙부에 연결된 두 개의 밧줄이 브레이크 역할을 하면서 서서히 내려가게 하는 방법이 있다.

거석을 끌고 갈 때, 뒤에서 지렛대를 이용해 운반을 보조하는 모습이 일반적으로 나타난다. 이 지렛대는 덮개돌을 들어 올려 통나무에 미치는 하중을 경감시켜주기도 하고, 또 통나무에서 벗어나려고 하거나 흔들릴 때 균형을 잡아주는 역할을 하기도 한다.

운반에 걸리는 시간은 덮개돌의 크기, 채석장과의 거리, 동원 노동력에 의해 좌우된다. 숨바 섬의 실례를 살펴보면 운반 작업 자체에는 그리 많은 기간이 소요되지 않는다. 채석장에서 축조 지점까지 운반하는 데 약 사흘 정도 걸렸는데, 첫날 채석장에서 마을로 올라가는 입구까지 운반하고, 이틀째에는 마을로 향한 급경사 언덕길 5백 미터를 약 7시간 동안 끌었으며, 사흘째에 마을의 좁은 돌담을 철거하여 운반로를 만들면서 미리 마련된 무덤방 옆 축조 장소까지 운반하였다고 한다. 또 다른 사례로 약 10톤 무게의 거석(석회암)을 운반하는 데 산중턱의 채석장에서 약 4킬로미터 떨어진 마을까지 계곡과 강을 건너서 하루 반이 걸린 경우도 있었다.

운반 작업에는 어느 정도의 인원이 필요했을까? 대개 한 사람이 100킬로그램에서 160킬로그램까지 움직일 수 있다고 가정하는 실험고고학적인 견해가 있다. 그러나 끌기에 동원되는 인력 외에도 통나무 굴림대를 앞으로 옮기는 사람, 뒤에서 지렛대로 보조하는 사람, 운반 작업을 지휘 통제하는 사람, 밧줄 관리하는 사람 등도 필요하며, 또 이를 지켜보는 많은 구경꾼들도 있다. 덮개돌의 크기와 무게, 운반 방법, 죽은 이의 사회적 위치 등 여러 가지 요인에 의해 동원되는 인력은 달라지기 마련이며, 많은 사람이 함께 하면 더 빠른 속도로 운반하여 운반 기간이 단축될 수 있다. 실제 숨바섬의 경우에는 처음에는 40여 명으로 시작했지만 사람들이 자발적으로 참여하여 3백~4백 명 정도가 되었다고 한다. 이와 같은 사정을 감안하면 덮개돌이 나무끌개에 올려진 상태에서 10여 톤 되는 거석을 운반하는데는 최소한 40명이면 된다는 추정이 가능하다.

고인돌 덮개돌 운반에 필요한 기술은 모두 덮개돌 무게 하중을 줄이는 방법에서 고안되었다. 운반로 개설, 나무끌개 제작, 통나무 이용 등은 지면과 덮개돌 사이의 마찰력을 줄여준다. 지렛대는 덮개돌을 위로 들어 올려서 밀기 때문에 통나무에 미치는 하중을 줄여주기도 하고, 덮개돌이 운반 도중에 통나무 위에서 벗어나려고 하거나 흔들릴 때 균형을 잡아주는 역할을 했다.

덮개돌을 무덤방 위에 올리는 방법

고인돌 무덤방 위에 덮개돌을 올리는 방법은 대개 세 가지가 있다. 통나무 활주로를 이용하는 방법, 바로 끌어올리는 방법, 통나무로 구조물을 만들어 덮개돌을 올려둔 다음 그 아래에 무덤방을 조립하는 방법이다. 덮개돌이 크고 무거우면 통나무 활주로 방법을 많이 이용한다. 먼저 덮개돌 주위에 통나무 기둥을 세워 보강한다. 덮개돌을 끌어올릴 때 무너지지 않게 하기 위한 작업이다. 그리고 받침돌 높이까지 긴 통나무를 경사지게 조립해 활주로를 설치하는데, 통나무 활주로 밑에 작은 통나무 기둥을 받친다. 그 후 묶었던 밧줄을 풀고 덮개돌을 끌어올리는데, 무덤방 위에 올릴 때는 옆으로 미끄러지게 하여 조정하면서 올린다. 다음으로 많이 사용하는 방법은 받침돌이 낮거나 소형 무덤방 또는 지하에 무덤방이 마련된 경우로 무덤방 옆에 덮개돌을 세워서 천천히 옆으로 쓰러뜨리면서 밀어 올린다.

세 번째는 통나무를 가구해서 덮개돌을 미리 올린 상태에서 그 밑에다 무덤방을 조립하거나 받침돌을 세워 고인돌을 완성하는 방법이다.

이런 방법은 직육면체에 가까운 덮개돌의 경우에 사용할 수 있다. 하지만 우리나라의 경우 덮개돌 밑면이 고르지 못한 것이 대부분이다. 밑이 볼록하거나 오목한 것들도 많은데, 이 경우에는 다른 방법이 채용되었을 가능성이 많다고 본다. 고고학 발굴에서 나타난 것으로 보면 덮개돌과 받침돌 사이에 압착된 흙이나 끼움돌이 종종 확인된다. 흙이 압착된 경우는 무덤방 조성 후 직접 끌어올린 것으로 보이며, 끌어올릴 때는 묶었던 밧줄을 풀고 밧줄을 덮개돌 측면에 연결하여 끌었으리라고 추정된다. 끌어올릴 때 통나무나 잡석으로 보강하여 땅 밑의 구조물이 밀려나지 않게 한다. 기반식 고인돌을 고이

덮개돌을 이동하기 위해
설치한 시설(인도네시아
숨바섬)

고 있던 받침돌이 한쪽으로 약간 밀려나 있는 경우와 무덤방 벽석이 한쪽으로 기울어진 상황이 이를 증명한다. 이때 통나무를 사용했다면 이를 제거할 수 없는 상황이 발생하게 된다. 기둥 모양(주형柱形) 받침돌이 있는 기반식이나 탁자식의 경우 끌어올렸다면 덮개돌의 무게 때문에 덮었던 흙과 함께 무덤방이 한쪽으로 기울어지게 되는데, 이런 현상은 찾아볼 수 없다. 그리고 지상 무덤방이나 주형 받침돌은 대체로 원상을 유지하고 있고, 지상 무덤방은 덮개돌의 중앙부에 균형을 유지할 수 있도록 올려져 있다. 그렇다면 다른 방법이 채택되었을 가능성이 많다.

이를 추론하면 먼저 통나무로 밋밋한 운반로를 개설하고 결구된 통나무틀 위에 덮개돌을 올려놓고 서서히 움직이면서 균형과 위치를 조정하는 방법을 가정해볼 수 있다. 이 때 덮개돌과 무덤방 또는 받침돌 사이에는 일정한 간격이 있어야 위치 조정이 가능하다. 덮개돌의 균형을 유지하는 데 끼움돌의 존재가 들려진 상태가 아니라면 덮개돌을 들어 올려서 다시 조정하는 과정을 거쳐야 하기 때문이다.

고인돌 무게 추산 방법

고인돌 덮개돌의 무게를 정확하게 측정하기는 어렵다. 그러나 고인돌 발굴 시 중장비를 이용해 덮개돌을 옮긴 후 조사하기 때문에 중량을 측정할 수 있는 크레인과 같은 중장비를 이용해 덮개돌의 무게를 어느 정도 추산할 수 있다. 그 외에도 덮개돌의 부피, 즉 장축과 단축 그리고 두께의 길이를 곱하여 나온 수치와 암석의 비중을 대비해 추정한 예가 있다.

　일반적으로 암석의 비중(밀도)에 대해서는 이미 측정된 자료가 있다. 우리나라에 가장 많이 분포된 화강암과 편마암은 1세제곱미터에 2.6~2.7톤이다. 반려암이 3.0~3.1톤, 현무암이 2.8~2.9톤으로 비중이 높고, 안산암이 2.2~2.3톤, 사암이 2.0~2.6톤으로 낮은 편이다. 대체로 암석의 비중은 1세제곱미터당 2.5~2.7톤으로 볼 수 있다. 비중치는 대개 암석을 분쇄하여 가루로 만든 후에 1세제곱센티미터 안의 용기에 담아 측정한다. 이 비중치를 고인돌 규모에 그대로 적용하기는 어렵다. 고인돌의 형태가 정육면체나 직육면체가 아니므로 먼저 부피(체적)를 산정해야 하는데, 이 과정이 쉽지 않다. 고인돌 평면 형태는 장방형과 타원형이 주를 이루나, 사실상 대부분 부정형이기 때문에 정확한 부피 산정이 매우 어렵다. 또 측정하려는 덮개돌의 암석 비중치는 물론 암석 사이의 비어 있는 틈의 비율인 공극률도 알아야 한다. 공극률이 클수록 무게가 가벼워지기 때문이다. 공극률은 암석

1970년대 덮개돌 이동 모습(나주 대초리)

2000년대 덮개돌 이동 모습(여수 화장동)

의 종류, 입도조성粒度造成의 배열 방법에 따라 달라진다.

고인돌의 무게를 추산하기 위한 방법 가운데 암석 비중을 산정하여 계산한 방법이 있다. 지금까지 고인돌의 부피에 일반적으로 알려진 암석의 비중치를 곱하여 산정하기도 하였지만 실제로 중장비에 의해 측정된 자료는 이보다는 훨씬 낮은 비중치를 보이고 있다. 발굴 과정에서 중장비에 의해 측정된 덮개돌의 무게와 덮개돌의 부피를 비교 분석해 암석의 비중치를 산정하는 것이 더 정확한 무게 산정에 접근할 수 있다.

고인돌의 규모와 무게는 비례한다. 덮개돌의 무게를 측정한 자료를 종합하면 비중은 1세제곱미터당 평균 1.55톤이다. 이 중에서 무게가 20톤 이상인 고인돌은 1.6~1.7톤/㎥이고, 20톤 미만은 1.4~1.5톤/㎥이다. 결과적으로 덮개돌의 무게는 부피(미터 단위의 길이와 너비, 두께를 곱한 수치)에 비중치는 20톤 이상은 1.6톤/㎥, 또는 1.7톤/㎥를 곱해서 무게를 추산할 수 있을 것이며, 20톤 미만과 5톤 이

50톤으로 측정된 곡성 연반리 고인돌
(길이 4.2m, 너비 3.6m, 두께 2.2m)

87톤에 이르는 나주 장산리 고인돌
(길이 4.7m, 너비 4.4m, 두께 2.6m)

상은 1.5톤/㎥ 또는 1.55톤/㎥, 5톤 미만은 1.4톤/㎥를 곱하면 대략적인 무게를 짐작할 수 있다.

고인돌 축조에 반영된 과학기술

덮개돌 채석은 암반에 구멍을 파고 마른 나무쐐기에 물을 부으면 나무가 부풀어 오른다는 팽창원리를 알고 있어야 채석이 가능하다. 덮개돌 운반 시에는 Y자형 나무끌개와 지렛대를 사용해 지면과 덮개돌 사이의 마찰력을 줄이는 방법이 이용되었다. 축조 시에는 빗면의 원리를 이용하였다. 고인돌 무덤방 위에 덮개돌을 올리는 방법인 통나무 활주로를 이용하는 방법, 바로 끌어올리는 방법, 가구된 통나무 위에 덮개돌을 올려놓고 무덤방을 조립하는 방법 등은 빗면의 원리를 이용한 것이다. 고인돌과 같은 무거운 물체를 어느 높이까지 끌어 올리려면 일정한 양의 일을 해야 하는데, 빗면을 이용하면 수직으로 들어 올릴 때 들어가는 힘의 절반으로 가능하다고 한다.

무덤방을 만들 때도 기하학적 원리를 이용한 정사각형 작도법에 의해 직사각형과 원형의 묘역시설이 축조되었다. 직사각형은 내각이 각각 90도인 도형으로 매우 정확한 작도기술이 필요하며 대규모의 묘역을 가진 고인돌의 경우 도형의 작도 기술보다 더 복잡한 토목작업을 위한 측량기술이 사용되었을 것이다.

탁자식과 바둑판식 고인돌이 수천 년 동안 쓰러지지 않고 무거운 덮개돌의 하중을 견딜 수 있는 것은 받침돌과 덮개돌에 균형의 원리가 적용되었기 때문이다. 탁자식의 경우 무너짐 방지를 위한 토

기하학적으로 구획된 산청
매촌리 고인돌 묘역시설
(우리문화재연구원 제공)

층 기반시설이 확인되고, 덮개돌의 무게로 인해 기울어지지 않도록
벽석을 약간 안기울임으로 세웠으며, 덮개돌 밑면의 형태에 따라 벽
석 상단면을 조정하거나 쐐기로 보강한 흔적 및 벽석 기초에 보강석
을 더해 튼튼하게 축조했다. 바둑판식 고인돌에서 덮개돌 윗면이 수
평을 이루도록 받침돌의 높이를 조정한 점이나 괴석형 고인돌에서
밑면이 볼록한 경우 받침돌이 밀려나는 것을 예방하기 위해 받침돌
을 좀 더 안쪽으로 배치한 점은 덮개돌과 받침돌의 균형을 유지하기
위한 것이었다.

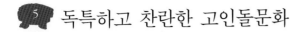

5 독특하고 찬란한 고인돌문화

독자적으로 발전한 우리 고인돌문화

우리나라 고인돌은 선사시대를 대표하는 유적일 뿐만 아니라 세계적으로도 잘 알려진 인류의 문화유산이다. 고인돌은 대표적인 거석기념물로, 전 세계적으로 분포된 선사시대 유적이다. 우리나라는 세계적으로 현저하게 발달된 고인돌문화를 가지고 있다. 이는 다음과 같은 사실에서 잘 나타난다. 첫째, 세계에서 고인돌이 가장 밀집분포를 이루고 있는 곳 중 하나이다. 단위면적당 가장 조밀한 분포를 보이고 있으며, 세계적인 밀집분포권을 형성한 동북아시아 지역에서도 우리나라는 중심 분포권을 이루고 있다. 둘째, 초대형 고인돌이 분포한다. 대형 탁자식 고인돌 덮개돌 무게는 40여 톤으로 추정되고, 대형 바둑판식 덮개돌 무게는 30~50톤이 대부분이지만 간혹 1백 톤 이상의 고인돌도 확인되고 있다. 특히 화순 대신리에는 무게가

2백여 톤으로 추산되는 고인돌도 있다. 이러한 고인돌의 축조는 불가사의하고 그 신비를 간직하고 있다. 셋째, 청동기나 옥, 석검 등 화려한 부장풍습이 유행했다. 당시의 부장풍습, 장례의식과 함께 사회 신분과 관련된 것으로 고인돌 사회에 있어 집단 간 계층이나 계급의 존재 가능성을 암시한다. 부장유물 중 간돌검은 다양한 형태 뿐 아니라 돌을 이용한 검으로 우리나라에서만 유행하는 독특한 유물이다. 넷째, 우리나라 고인돌 중 3천 년 동안 축조 당시의 모습대로 간직된 고인돌이 많다. 특히 대형의 탁자식이나 바둑판식 고인돌 대부분은 축조 당시 모습을 유지하고 있다. 이에는 당시 고인돌 축조 기술의 우수성이 반영된 것이다. 다섯째, 고인돌 축조는 당시에 고도의 과학 전문 기술자가 동원된 최대의 토목공사였다. 한 변이 수십 미터에 이르는 묘역시설과 축조 기획에 의한 장방형과 원형의 묘역시설, 덮개

열 지어 배치된 해남
연정리 고인돌

돌의 형태에 따른 받침돌의 선택, 정교한 무덤방의 축조 등은 다른 나라에서는 볼 수 없는 한국 고인돌의 한 특징이기도 한다.

우리나라의 고인돌은 선사시대 중에서도 청동기시대에 축조된 것으로, 그 시기는 기원전 1200년 이전부터 기원전 200년 무렵까지 약 1천 년 동안 만들어졌다. 고인돌을 언제 만들었는가는 고고학적으로 유적이나 유물을 서로 비교해서 그 선후관계를 밝히거나 과학적으로 측정된 연대를 참고해서 추정한다. 고인돌에서 측정된 절대연대를 보면, 경기 양평 양수리 고인돌은 지금으로부터 3,900±200년 전(기원전 1950년), 순천 복성리 고인돌은 3,450±40년 전(기원전 1500년)과 3,400±40년 전(기원전 1450년), 장흥 신풍 고인돌은 3,000±40년 전(기원전 1220년) 등으로 비교적 빠른 연대 측정치가 있다. 그 다음으로 2,900~2,800년 전의 측정치는 10여 기 이상의 고인돌에서 측정된 예가 있는데, 이 연

전기의 석검과 석촉(대전 신대동, 충남대학교 박물관 제공)

중기의 석검과 석촉(여수 봉계동)

대는 기원전 12세기에서 10세기에 해당한다. 2,700~2,600년 전의 측정은 14기 고인돌의 측정 예로 기원전 11세기에서 8세기, 그리고 2,500~2,400년 전의 측정치는 20여 기의 고인돌에서 측정 예로 기원전 8세기에서 4세기에 속한다. 지금까지 측정된 절대연대치는 기원전 12세기에서 4세기에 속한 자료가 절대 다수를 차지한다. 고인돌에서 출토된 유물과 그와 관련 절대연대 자료에서 본 축조 시기는 기원전 1200년대부터 축조되기 시작하였다고 할 수 있으며, 가장 성행한 시기는 기원전 900년에서 400년 사이이다.

고인돌의 대표적인 부장유물인 간돌검의 출현은 청동기시대 묘제의 출현과 관련되어 있다. 청동기시대 빠른 시기의 유물은 자루에 홈이 있는 돌검二段柄式石劍이나 슴베에 턱이 진 화살촉二段莖式石鏃과 밑이 오목한 세모꼴의 형태를 가진 화살촉三角灣入石鏃, 높은 굽이 달린 토기臺附壺形土器 등이 집자리나 고인돌에서 부장품으로 발견되고 있다. 이로 보아 고인돌은 청동기시대 전기부터 등장하였으며, 중기에 성행한 것으로 보고 있다. 이러한 유물이 출토된 전기 주거지 연대가 기원전 12세기에서 9세기로 편년되고 있는 점에서 절대연대 측정치와도 상응하고 있다. 청동기시대 중기에 오면 고인돌들이 집단으로 조성되고, 열상으로 배치되며, 규모의 대형화 등으로 가장 발달된 고인돌 형태가 나타나기 때문에 이 시기에 가장 성행한 고인돌문화를 형성하게 된다.

열 지어 있는 무덤방
(보성 죽산리 고인돌)

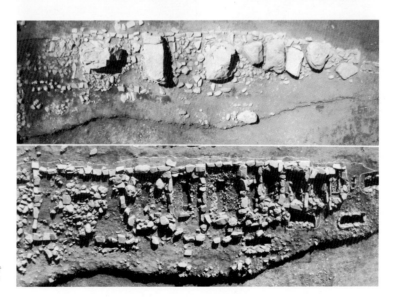

덮개돌과 무덤방 모습
(여수 월내동 고인돌)

무덤으로 사용된 고인돌

우리나라 고인돌은 기념물인 경우도 더러 있지만 대부분은 무덤으로 사용되었다. 우리나라 고인돌에서 사람뼈(인골)가 발견되는 예는 매우 드물다. 산성이 강한 토양에서는 유기물인 뼈들이 삭아 토양화하기 때문에 거의 남아 있지 않다. 우리나라에서 사람 뼈가 발견된 예는 석회 성분이 포함된 알칼리성 토양을 가진 조개더미나 배수가 잘 되는 사질성 토양, 저습지 같은 진흙에서 비교적 잘 보존되어 있다. 조개더미에서는 짐승뼈와 함께 생선뼈까지 잘 남아 있어 당시의 식생활 연구에 귀중한 정보를 제공한다. 청동기시대의 사람뼈는 대부분 강변의 퇴적 평지에 위치한 무덤에서 발견된다. 대표적으로 남한강유역의 제천 황석리, 남강유역의 진주 대평리, 낙동강유역의 달성 평촌리의 고인돌과 돌널무덤 등에서 거의 완전한 상태의 인골이 발견되었다. 여기서 발견된 인골은 바로펴묻기伸展葬와 굽혀묻기屈葬한 모습이다. 이런 고인돌에서 발견된 사람의 키는 보통 160센티미터 미만이지만 제천 황석리와 달성 평촌리 주검의 키는 174센티미터와 173센티미터로 건장한 체격을 가진 사람이다. 달성 평촌리 주검 10구가 모두 남성이고, 우수한 체격을 가지고 있어서 전쟁에 동원되어 전사한 사람의 무덤으로도 보기도 한다. 주검으로 측정한 나이는 대개 30세 전후이지만 진주 대평리의 경우 60세 이상도 있다.

유물이 부장된 상태를 보면 간돌검은 허리춤 부근과 발목 근처에서, 돌화살촉은 주검의 배 부근이나 한쪽 벽석에서 여러 점씩, 적색마연토기는 배 부근이나 다리 쪽 혹은 관외에 부장되어 있다. 또

굴장된 사람뼈 모습
(달성 평촌리, 경상북도
문화재연구원 제공)

굴장 복원 모습

어린아이 사람뼈(진주 대평리)

석검과 석촉 부장 모습(여수 봉계동)

비파형동검 부장 모습 (여수 월내동)

가지문토기 부장 모습(고흥 한천)

곱은옥과 소옥 등의 옥제품은 머리 양쪽에서 귀걸이나 목걸이로 착용한 채 발견되기도 하였다. 일반적으로 남자 무덤에서 출토된다고 알려진 간돌검이 여자 무덤에도 부장되고, 옥제품도 남자 무덤에서 발견되는 것을 보면, 부장 유물에 따른 남녀 구분이 없었던 것 같다. 특이한 예로 머리가 없는 주검과 주검의 입 속에서 다른 사람의 이빨이 발견되어 당시 장송의례의 풍습을 보여 주고 있다. 즉 단수斷首와 복상발치腹喪拔齒인데, 단수된 예는 이웃집단과의 싸움에서 희생된 여성을 고인돌에 매장한 것으로 추정되며, 복상발치는 친연적인 관계에 있는 사람의 죽음을 애도하면서 슬픔에 겨워 자신의 생니를 뽑아 죽은 이의 입 속에 넣어준 것으로 생각된다.

　주검의 매장법은 바로펴묻기와 굽혀묻기 이외에 화장한 경우도 많다. 대표적인 사례로 춘천 발산리와 중도 고인돌, 나주 랑동 고인돌 등이 있다. 이들 고인돌의 주검은 다른 곳에서 화

장한 후 유골만 가져다가 매장한 것으로 추정되지만, 경기도 광주 역
동의 돌덧널무덤에서는 무덤 안에서 화장한 흔적이 남아 있다.

오늘날 언론에서 미라가 발견되었다고 하는 경우는 대개 조선
시대의 회곽묘다. 회곽묘는 모래와 황토, 불에 구워 만든 방해석 가
루를 섞은 회灰를 이용해 만든 무덤이다. 회는 물로 반죽하면 오늘날
시멘트와 같다. 회곽 안의 목관에서는 매장 당시의 완전한 모습의 인
골이 미라 상태로 남아 있는 경우가 많다. 회곽 내부는 밀폐 공간이
되어 반 진공 상태로 항온 항습이 유지되기 때문이다. 우리나라가 아
닌 다른 지역에서는 사막이나 얼음(빙하) 등에서도 사람뼈가 많이
발견된다. 특히 알프스 산맥에서 발견된 소위 '외치인'은 신석기시대
사람으로 어깨에 걸친 새끼로 꼰 망태, 돌로 만든 손칼 등 사망 시의
모습이 그대로 남아 있었다.

무덤에서 발견된 사람뼈는 당시의 장송의례에서 매장 자세와
같이 껴묻거리된 다양한 유물의 부장풍습을 알 수 있다. 또한 사람뼈
를 이용한 과학적 분석은 주검의 신장이나 나이, 영양 및 건강 상태,
선호하는 식생활, 죽음의 원인 등을 밝혀낼 수 있으며, DNA의 측정
으로 친연성 관계 등도 규명할 수 있다.

고인돌을 만든 사회 배경

고대인들은 주변 환경의 변화에 영향을 받지 않고 인간보다 훨
씬 오래 잔존하는 자연 사물을 숭배했다. 바위는 그 견고함과 불멸성
으로 인해 영험과 생명력, 창조력을 의미했고, 따라서 바위를 이용해

고인돌을 축조하고 기원의 대상으로 삼았다. 또한 고인돌에는 조상 숭배의 의미도 담겨 있다. 고인돌은 대개 수 기 내지는 수십 기가 열을 이루면서 무리지어 있다. 이는 핏줄이 같은 혈연집단의 공동무덤임을 의미한다. 청동기시대에 와서 혈연으로 이어지는 집단이 형성

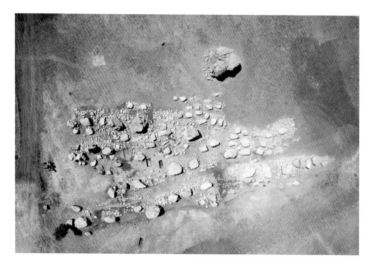

묘표석의 대형 고인돌 아래에 무덤으로 조성된 고인돌
(여수 월내동,
동북아지석묘연구소 제공)

혈연집단의 공동 무덤군
(여수 월내동,
동북아지석묘연구소 제공)

되기 시작했고, 이를 기반으로 조상 숭배 사상이 나타났다. 이로 인
해 생명력과 불멸성이라는 상징적 의미를 가진 거석, 즉 고인돌을 자
기 선조의 무덤으로 채택하였던 것이다.

　고인돌을 축조하려면 거대한 바위를 채석, 운반해야 하는 과정

혈연적으로 가까운 무덤방
(여수 화동리, 순천대학교
박물관 제공)

세트를 이룬 3개의 무덤방
(화순 다지리, 전남대학교
박물관 제공)

이 수반된다. 오랜 기간에 걸쳐 대규모의 노동력이 필요하다. 대규모의 노동력을 동원하는 일은 일정한 지역을 중심으로 정착생활을 하는 사회에서만 가능하다. 즉 식량을 안정적으로 확보할 수 있는 농경을 배경으로 하는 사회여야 한다. 우리나라의 고인돌은 벼농사(도작稻作)를 위시한 농경과 일정한 영역권이 형성된 정착생활, 그리고 혈연을 중심으로 한 공동체 집단의 의례 행위로서 축조되었던 것이다.

청동기시대 집자리인 움집은 적게는 수 동에서 수십 동이 발견되어, 곳곳에서 독립된 하나의 마을 이루고 살았음을 알 수 있다. 마을 주위에 V자형으로 파여진 환호와 나무기둥 울타리 등이 조성된 방어를 위한 시설을 갖춘 마을도 적잖게 확인된다. 경작지와 유물로 볼 때 청동기시대 사람들은 매우 활발한 농경생활을 하였다. 당시의 유적에서는 쌀, 보리, 밀, 조, 피, 수수, 콩, 팥, 기장 등 오늘날 알려진 거의 모든 작물이 발견되었다. 곡물을 재배했던 대규모 밭자리와 소규모 논자리도 발굴되었다. 이와 함께 농경과 관련하여 농경구와 수확구로 사용한 석기들이 많고, 목제 농기구를 제작에 쓰인 석제공구류가 세트로 발견되고 있다.

고인돌이 수 기에서 수십 기씩 무리지어 있는 것은 혈연집단에 의해 그들만의 묘역으로 계속 조성되었음을 뜻한다. 무덤이 아닌 고인돌은 집단의 상징적인 기념물(제단 기능)과 묘역을 상징하는 묘표석 역할을 하였으며, 각 집단 간의 차별화도 이루어졌다. 고인돌 사회에는 조상에 감사드리는 제사의례, 풍요와 다산을 기원한 농경의례, 종교적인 신앙의례 등이 있었다. 고인돌 사회에서는 고인돌을 축조하는 전 과정에서 제의 행위가 이루어졌다. 고인돌에서 발견된 유

물은 부장유물 이외에는 일부가 파손되었거나 인위적으로 파쇄한
것이기 때문이다.

마을에 접해 조성된 무덤방
(장흥 갈두, 호남문화재연
구원 제공)

집자리와 무덤군
(여수 월내동 상촌)

고인돌 사회에는 고인돌 축조와 관련된 전문인이나 특수 유물을 전문적으로 제작하는 집단이 존재하였다. 당시 전문인은 특수한 기술적인 능력을 소유하고, 지배층과 밀접한 관계를 유지하는 신분의 소유자였다. 지배계층의 부장유물로는 청동검과 간돌검, 옥이 많이 쓰였는데, 이런 물건들은 당시 여러 집단 사이에서 활발히 벌어졌던 교역의 결과물이기도 했다. 또한 유물 중 청동기는 가장 유력한 집단이나 신분의 소유자가 아니면 소유하기 어려웠고, 옥제품 역시 천하석제나 벽옥제로서 생산지가 한정되어 있었으며, 절단 혹은 가는 구멍을 뚫는 등의 가공법은 전문적인 제작기술자의 등장을 의미했다. 또한 검은 대체적으로 높은 신분을 상징하는 유물이기 때문에, 이런 부장유물이 발굴되었다는 것은 고인돌 사회가 지배집단 혹은 지배자가 출현한 사회였음을 나타낸다. 대규모로 조성된 고인돌 군집은 혈연을 중심으로 한 지배집단이 형성되어 여러 세대에 걸쳐 계속해서 무덤을 축조했음을 보여주는 것이다.

이렇듯 고인돌 사회는 혈연을 중심으로 한 공동체 사회에서 점차 지배층이 등장하여 계급이 형성되고 계층사회로 변화되어 가면서 역사상 삼한의 소국들이 각 지역에서 형성할 수 있는 기반을 다졌던 시기다. 앞에서 살펴본 것처럼 고인돌 사회는 대규모 노동력을 동원할 수 있고, 일정한 범위 안에 혈연 중심의 마을이 각각 형성되어 있었으며, 정착생활과 안정적인 식량을 확보할 수 있는 농경 중심 사회였다. 이와 같은 사회 배경에서는 안정적인 생계 자원을 확보하기 위해 집단 간 농경지의 확대에 따른 경쟁이 필연적으로 일어났다. 이로 인해 지역공동체 간의 영역 설정이 요구되었으며, 영역 점유의 표지로서 고인돌을 축조하게 되었다는 견해도 있다.

농경사회는 여러 집단들의 협동과 결속력을 다지기 위해 일정
한 지역 내에서 공동체 사회, 즉 고대사회에 보이는 두레와 같은 협

중심 무덤 주위에 배치된
무덤방(여수 평여동)

중심 무덤에서 출토된 옥
(여수 평여동)

동 조직이 형성된 공동체 사회를 배경으로 한다. 그래서 혈연집단 간의 거족적인 행사의 일환으로 자기 조상의 무덤뿐 아니라 집단의 기념물로 기능하는 고인돌을 축조했다고 할 수 있다. 고인돌의 축조는 공동체 사회에서 힘을 결집하고 협동 단결을 이루어 사회적인 통합과 집단의 응집력을 키우는 데 큰 역할을 하였던 것이다.

고인돌이 사라진 이유

이렇게 독자적인 문화를 구축한 고인돌이 왜 점차 사라졌을까? 고인돌의 소멸 과정은 당시 사회의 변화와 밀접한 관계를 가진다. 고인돌 후기 사회는 수장首長층의 등장과 외부로부터 선진 문화(철기문화)의 수용이 이루어진 시기이다.

청동기시대 후기에는 외부로부터 선진 문화가 수용되기 시작한다. 선진 문화는 철기문화이다. 우리나라 초기의 철기는 무기보다는 농경구 등 생활용구들을 많이 제작했다. 이 철제 농경구는 석기로 하던 작업량보다는 3~4배 가량의 능률을 올릴 수 있는 도구이다. 이 농경구를 이용한 농경지가 확장되면서 많은 노동력을 요구하게 된다. 이런 사회에서는 많은 인력이 동원되는 고인돌 축조가 노동력 낭비이고 소모적인 일이었다. 그 때문에 나무널무덤木棺墓이나 움무덤土壙墓 등 축조에 노동력이 덜 소모되는 무덤 방식으로 변화되었던 것이다. 이 시기는 한국 고고학 편년상 기원전 200년을 전후한 시기이어서 고인돌 소멸 시기는 기원전 3~2세기경으로 추정할 수 있다.

수장층의 등장은 기존의 각 지역을 배경으로 한 지배집단 간의

돌무지나무널무덤
(화순 대곡리)

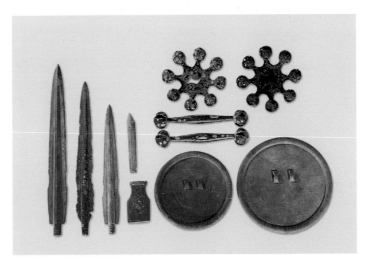

돌무지나무널무덤에서
출토된 청동기(화순 대곡리)

이합집산에 의해 급격한 통합이 이루어지기 시작했음을 의미한다. 농경지 확보를 위한 전쟁에서 얻어진 소산물로, 사람들의 신분이 달라지는 현상이 나타난다. 집단 안에서 다양한 계층이 분화되면서 권력의 집중화가 진행되고, 한편으로는 합법적으로 정복 전쟁이 수행된다. 이런 과정에서 기존의 고인돌보다는 노동력이 덜 요구되는 나무널무덤 계통의 묘제가 등장하게 된다. 이 무덤에서는 다량의 청동기가 부장되어 있다. 이 청동기 중에는 무기류, 의기류가 대부분이다. 무기류는 소속되어 있는 집단을 강제적으로 제압하는 것으로, 의기류는 집단의 모든 의식 행위를 집행하는 것으로 이용되었다. 즉 수장은 정치와 제사를 관장하는 제정일치 사회의 최고의 지배자임을 과시하면서, 그의 무덤으로 고인돌과 차별화된 나무널무덤을 채택한 것이다.

제2장

고인돌 사회의 삶과 죽음

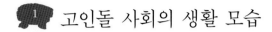# 고인돌 사회의 생활 모습

생활이란 사람들이 일정한 환경에서 활동하며 살아감을 의미한다. 문화는 인류가 지구상의 모든 환경에서 생존하고 적응할 수 있도록 해준 지식과 기술의 총합이다. 그래서 문화는 선조들로부터 생활 적응 능력을 습득하여 후세에 지속적으로 전승되면서 하나의 문화를 형성하게 된다. 이러한 문화를 규명하기 위해 고고학에서는 인공유물, 자연유물, 존속된 건축물, 그리고 과거 사람들의 생활양식을 드러내는 모든 물질적 자료를 관찰한다. 즉 물질적 잔해들을 통해 당시 삶을 연구하는 것이다. 따라서 고인돌을 만들었던 사람들의 생활과 문화는 고고학적으로 발굴된 당시의 유구나 유물을 연구하여 추정한다.

청동기 제작은 첨단기술

인류가 자연계로부터 획득하여 이용한 최초의 금속은 구리와 주석이었다. 구리와 주석의 합금이 청동이며, 이 청동으로 만든 도구가 생활의 이기利器로 사용되는 시대가 바로 청동기시대이다. 청동은 열을 가해 녹이게 되면 만들고자 하는 형태와 크기로 제품을 만들 수 있으며 다시 녹여 쓸 수도 있다.

청동기는 채광採鑛, 정련精鍊, 용범鎔范 제작, 주조鑄造라는 일련의 공정을 거쳐 완성된다. 이 중 합금기술과 제품을 부어내는 주조기술이 가장 힘들고 중요하다. 광석에서 광물을 가려내서 금속을 녹이기 위해서는 용해로가 필요한데, 용해로에서 흘러나오는 용액을 담기 위해서는 도가니가 있어야 한다. 도가니는 대부분 토제이며 50~60cc 정도의 소형이 많다. 바탕흙은 거친 진흙이며 두께는 비교적 두텁다. 현재 남아 있는 거푸집(주물틀, 용범, 주범)은 곱돌과 유사한 활석滑石이다. 토제 거푸집도 많이 사용되었을 것으로 믿어지나 발견된 예는 없다.

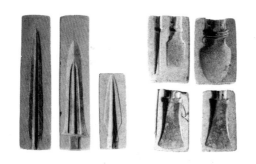

청동기를 주조한 거푸집(전 영암출토)

거푸집으로 청동도끼 제작 복원 모습

청동기를 주조했던 거푸집에서 무기류는 쌍으로 된 쌍합범双合范이고, 간단한 것들은 한쪽에만 새겨 주조하였다. 다뉴세문경과 각종 방울을 비롯한 정교한 의기를 만드는 데는 토제품을 이용한 밀납주조가 이루어졌을 것으로 추정된다.

우리나라 청동기는 주로 무기류와 의기류가 대부분이다. 고인돌 사회 사람들이 쓴 청동기는 비파형동검, 비파형동모, 청동촉, 청동도끼, 세형동검 등이 있다. 이 중 가장 선호되었던 비파형동검은 고인돌의 부장품으로 유행하였는데, 특히 여수반도 지역의 고인돌에서 부장품으로 많이 발견된다. 그 밖의 청동기 부장품은 몇 가지 사례에 불과하다. 세형동검도 부장유물로 발견되지만 당시에 부장되었음이 명확한 사례가 없고, 대부분 후대에 매납埋納된 것으로 보인다. 의기류는 고인돌에서 발견된 바 없고, 고인돌이 소멸되는 시기 이후에 나무널무덤木棺墓이나 돌무지나무널무덤積石木棺墓에서 세형동검 등 무기류와 함께 출토된다. 이처럼 청동기는 일상 생활용구보다는 개인의 신분이나 지위를 드러내거나 집단의 의식 행위에 사용되었다. 생활용구들은 여전히 신석기시대와 마찬가지로 석기가 사용되었다. 하지만 간돌검이나 달도끼環狀石斧와 같은 신분 상징용 석기가 새로이 등장하게 된다.

인류가 처음으로 청동주조 기술을 개발하고 청동기를 생산한 일은 인류 문화의 획기적인 발전이었고, 이전의 석기시대와는 본질적으로 구분된다. 청동 합금제품이 제작·사용되는 시대는 톰센Thomsen의 3시대 구분법에 따라 청동기시대라 불러왔다. 중국과 같은 주변 나라에서는 이미 국가가 형성된 역사시대에 해당하며, 정치의 중앙집권이 이루어져 중심마을이 형성되는 시기여서 도시혁명이라 한다. 인류가 처음으로 도구의 재료로 사용하였던 청동이라는 새로운 원료를 창출하는 연금술은 당시 획기적인 발견이었다. 청동기를 주조하는 기술은 고도의 숙련도와 전문적 지식을 필요로 한다. 즉 직업의 전문화, 교역의 발달, 계층사회의 발전을 가져오는 혁신적인 변화가 있게 된다.

마을 공동체의 형성

주거住居란 인간이 생활하기 위한 집이며, 주거의 기능으로는 휴식, 수면, 육아, 교육, 취사, 식사, 가재관리, 접객, 격리 등을 들고 있다. 고인돌을 만들던 사회에는 주로 구릉과 충적평지를 중심으로 대규모 취락을 형성하고 정착 생활을 하였다. 전기에는 평면이 장방형이고 비교적 큰 규모의 집을, 중기 이후에는 방형이나 원형의 평면을 가진 규모가 작은 집을 짓고 살았다. 마을의 입지는 지역에 따라 해안과 강변의 저지대, 낮은 구릉, 구릉 정상 등으로 구분된다. 청동기시대 마을 유적은 대부분 강변의 충적지와 구릉상에서 발견된다. 야산 정상의 고지성 구릉에 위치하여 방어적 성격이 강한 마을도 있다. 청동기시대 중기에는 방어를 위한 시설로서 마을 주위에 구덩이를 깊게 판 환호環濠와 나무 기둥 울타리木柵 등이 조성된 마을도 적잖게 확인된다.

청동기시대의 집자리는 대부분 반움집으로 평면 형태에 따라 장방형, 방형, 원형으로 구분할 수 있다. 장방형 집자리는 한반도 전역에서 나타나며, 비교적 이른 단계의 주거 형태다. 그 중에는 긴 변이 20미터가 넘는 세장방형의 집자리가 천안 백석동처럼 구릉을 따라 분포되어 있는 것도 있다. 이른 시기의 집자리는 보통 2~5동 정도가 모여서 일정한 거리를 두고 배치되는 양상을 띠지만 최근에는 수

환호로 둘러진 마을 모습
(울산 검단리, 부산대학교
박물관 제공)

청동기시대 마을 복원 모습
(고창 고인돌박물관)

십 기가 무리를 이룬 마을도 발견되었다.

청동기시대 중기 집자리는 부여 송국리유적에서 최초로 확인된 형태로, 평면이 원형이나 방형으로 가운데에 타원형 구덩이와 그 양단에 2개의 기둥 구멍이 있는 집자리이다. 규모가 큰 것에서는 타원형 구덩이 주위에 따로 4개의 기둥을 더 배치하였다. 한반도 남부지방과 일본에 걸쳐 널리 분포하는 집자리 형태이다. 이 집자리들은 대개 10여 기 내외로 군집을 이루고 있는 양상이며, 경계를 짓는 환호나 목책도 이 시기에 성행하기 시작했다. 이러한 집자리가 발견되지 않는 지역에서는 방형 계통의 평면 형태에 기둥 구멍이 4개에서 8개까지 배치된 형태가 주로 발견된다.

집자리의 형태와 규모로 볼 때, 규모가 큰 세장방형이나 장방형 집자리는 여러 세대가 거주하거나 공동 집회소로 쓰였던 가옥으

여러 세대에 걸쳐 거주한
집자리터(화천 용암리)

로 추정된다. 규모가 작은 방형과 원형의 집자리는 단일 가족의 가옥으로 보인다. 따라서 세장방형이나 장방형의 대형 집자리에서 원형 혹은 방형의 소형 집자리로 변화한 것은 전기에는 여러 가족이 한 집에서 공동으로 생활을 하다가 점차 단일 가족별로 주거공간을 독립하여 생활을 꾸리는 경향이 강해졌음을 의미한다.

청동기시대 길이 10미터의 장방형 집자리를 복원하여 실제 불땐자리(화덕, 노지爐址)에서 불을 피워서 집안의 온도를 측정하였는데, 하나를 피운 경우 18도 내외(17도에서 20도 유지)였으며, 둘을 피우면 25도 정도까지 올라가면서 약간 덥다는 느낌이었다고 한다. 이로 본다면 집안에서 불을 피우면 실제 생활하는 데는 별 문제가 없었을 것이다.

청동기시대에는 본격적인 농경생활과 더불어 크고 작은 마을

움집 복원 모습(제주 삼양동)

이 각지에 들어섰고, 이를 토대로 공동체 차원의 노동력 동원을 전제로 하는 고인돌이 나타나기 시작했다. 마을은 농경에 유리한 입지조건을 갖춘 곳이라면 청동기시대 전기부터 후기까지 계속해서 집이 만들어졌다. 청동기시대의 집자리는 신석기시대 이래의 움집竪穴住居으로서 내부에는 불땐자리, 기둥 구멍, 배수구, 저장구덩이 같은 시설이 있었다. 마을 안팎에는 생산시설, 저장용 지상건물·광장·의례공간 등의 생활시설, 환호나 목책 같은 방어시설, 동물을 잡기 위한 함정과 무덤이 배치되었다. 이처럼 마을의 공간이 정형화된 것은 생산력, 인구, 사회적 복합도 등이 증대되는 과정이 본격적으로 진행되었음을 보여주는 것이다.

논농사와 밭농사의 농경생활

청동기시대의 생업과 관련된 생산유적은 수렵, 채집, 어로, 농경 등 인간의 식량 확보와 관련되는 유적이다. 고고학적으로 확인할 수 있는 것은 논밭 같은 농경 관련 유적, 함정유구와 더불어 수렵·어로 도구, 농경유물 등이 있다.

우리나라 농경의 역사는 신석기시대 후기까지 소급할 수 있으나, 청동기시대에 들어서면서 본격화되었다. 남한 각지의 청동기시대 유적에서 발견되는 곡물 자료와 논밭유적은 청동기시대가 농경사회였음을 말해준다. 농경 초기에는 밭농사가 중심이었으나 청동기시대 이후로 논농사의 비중이 점차 증가하게 된다. 벼농사의 직접적인 증거로는 논유적과 집자리에서 발견된 탄화미, 그리고 토기 바닥이나 몸통에 찍힌 볍씨 자국 등이 있다. 쌀과 더불어 벼농사의 직접적인 증거인 청동기시대의 논은 울산 무거동 옥현유적, 논산 마전리유적 등이 대표적이다. 울산 무거동 옥현유적의 논은 1~3평 크기의 방형 또는 부정형이며, 논산 마전리의 논은 자연적인 지형을 그대로 이용하여 너비가 3미터 내외의 장방형이나 방형으로 소구획하고, 인공으로 수로를 파서 논에 물을 대는 관개시설을 갖추고 있다. 논은 구릉 사면의 말단을 개간한 골짜기와 하천이 범람하여 형성된 곳에 위치하는데, 구릉 아래부터 골짜기 입구까지 대부분 지역이 주로 논으로 개간되었다. 청동기시대의 논의 형태는 크게 계단식 논과 부정형의 소구획된 논으로 구분되며, 소구획 논은 방형으로 물길 등의 관개시설이 함께 확인되지만, 계단식 논은 너비가 좁고 관개시설이 확인되지 않아 이를 근거로 천수답으로 보기도 한다. 또한 계단식 논은 우리나라에서만 확인되므로 한반도 고유의 독자적인 논의 형태이면서 건답직파법의 형태로 추정된다.

곡간부에 형성된 논자리
(논산 마전리, 한국고고환경연구소 제공)

논 위쪽에 있는 우물터(논산 마전리)

밭에서 재배된 작물에 대해서는 식물규산체와 토양 분석 등을 통해 확인된 보리, 밀, 조, 수수, 기장, 들깨, 콩 등이 알려져 있는데, 집터나 밭에서 불에 탄 상태로 발견되기도 한다. 또한 밭의 식물규산체 분석에서 벼가 다량으로 출토된 예가 확인되어 밭벼를 재배했을 가능성도 있다. 진주 대평리에서는 현재의 밭과 같은 모습의 이랑과 고랑을 갖춘 청동기시대 밭이 자연제방 위에서 발견되었다. 규모와 형태로 보아 공동체 단위의 소유로서 생산과 분배도 공동체 단위로 이루어졌다고 추정된다.

경작에 쓰이는 농경구로는 보습과 괭이가 있고, 곡물 수확용은 반월형 또는 삼각형의 돌칼과 돌낫이 있다. 그리고 대형의 돌도끼와 홈자귀, 돌대팻날, 돌끌과 같은 공구류는 각종 목제 농경구를 제작하는 데 사용되었을 것이다.

춘천 천전리 두들논 흔적

따비로 밭을 일구는 모습(농경문청동기)

집터 안에 보관된 그물추
모습(제주 삼양동)

수렵과 어로 생활

청동기시대에 농사 외에도 고기잡이와 사냥이 성행했음을 유물과 유구의 흔적을 통해 짐작할 수 있다. 물고기잡이인 어로漁撈는 농경이 본격화하면서 주된 생계 유지 방식의 보조적 역할을 하게 된다. 즉 농경의 본격화로 인하여 경작지에서 가까운 크고 작은 하천을 어장으로 하는 내수면 어로가 성행했던 것으로 보인다. 고기잡이 방식은 낚시와 그물, 통발 같은 도구를 이용한 방법과 식물 열매나 잎을 이용한 방법 등 두 가지가 있다. 낚시 도구는 신석기시대에는 많이 발견되나 청동기시대에는 거의 발견되지 않고 있다. 하지만 전남 영암에서 출토된 청동기시대 후기의 거푸집에 나타난 낚싯바늘은 일상생활에서 낚시가 계속 사용되었음을 의미한다. 집자리나 무덤에서 그물추漁網錘가 무더기로 발견되거나 토기 표면에 나타난 그물망 같은 흔적으로 보아 그물을 이용한 고기잡이도 이루어졌음을 알 수 있다. 식물을 이용한 방법은 열매와 잎을 돌로 찧어서 하천에 푸는 것이다. 그러면 붕어나 피라미, 미꾸라지 같은 작은 물고기들이 잠시 마취되어 물 위로 떠오르기 때문에 손으로 쉽게 잡을 수 있다. 비교적 작은 하천에서 이루어진 이런 고기잡이는 전통적인 방법을 바탕으로 추정만 할 뿐이다. 이에 이용된 나무는 때죽나무 열매와 산초나무(제피) 잎, 가래나무 뿌리, 여뀌풀 등이 있지만 유기물이어서 남아 있지 않다.

고고학 자료를 통해 상정한 청동기시대 사냥인 수렵狩獵의 종류로는 활 수렵과 창 수렵, 함정 수렵, 올가미를 이용한 덫 사냥 등이 있다. 이 가운데 활(창) 수렵은 구석기시대 이래로 존재한 반면, 함정 수렵은 청동기시대에 확산된 것으로 판단된다. 활은 전투용으로도 쓰였지만, 빠른 소형 동물을 사냥하는 데 용이한 도구라고 한다. 춘천 천전리 집터에서는 돌화살촉과 함께 화살대가 결합된 채 무더기

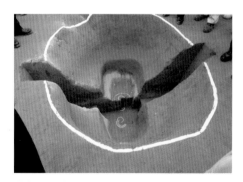

함정유구(춘천 천전리)

집터에서 다발로 발견된 화살(춘천 천전리, 지현병원장 제공)

로 발견되었다. 창은 화살촉이나 슴베식 간돌검 형태이며, 간혹 미늘이 달린 것도 있다. 길이는 15센티미터에서 25센티미터로 긴 나무자루를 착장하기 용이한 슴베가 특징이다. 함정은 장타원형 구덩이를 V자로 파고 바닥에 날카로운 나무창을 2개 정도 꽂은 것이 일반적인 형태이다. 함정은 열을 지어 있거나 V자 형태로 배치하여 짐승들의 침범을 방지하거나 몰이 사냥을 하였을 것으로 보인다. 현재까지 자료로 본다면 수렵 함정이 출현한 시기가 소급될 가능성은 있지만 확산된 시기는 청동기시대일 개연성이 높다. 신석기시대에서 청동기시대로 전환되면서 수렵에서 발생한 변화는 함정 수렵의 비중이 높아졌던 것으로 생각된다. 덫은 새끼나 칡넝쿨 같은 것으로 고를 만들어 지나가는 짐승의 목이나 다리에 걸려서 도망치지 못하게 하여 잡는 방법이다. 이 방법은 짐승이 다니는 길목에 올가미를 설치하거나 긴 나무와 칡넝쿨 같은 새끼 올가미를 연결하는 방법이 전통적으로 사용되었다.

청동기시대에는 농경을 통해 공급된 식량이 어느 정도였는지에 대해서는 아직까지 구체적으로 밝혀진 바가 없다. 그런데 청동기시대에 농경을 통해 공급된 식량만으로 생계를 해결하였을 가능성이 낮다는 점과 탄수화물 이외에 단백질과 비타민 등의 공급원도 필요하다는 점 등을 고려하면 수렵과 채집, 어로 등은 여전히 생계에서 일정한 위치를 차지하였던 것으로 생각할 수 있다.

활발한 제의 행위

청동기대에는 각종 제사(제의)가 행해졌는데, 농경의례나 장례의례가 대표적이다. 농경의례는 풍요와 다산을 기원하는 의미가 있고, 장례의례는 조상에 대한 존경과 숭배로 무덤 조성 과정에서 여러의식이 이루어졌다. 태양 숭배 사상과 관련된 바위그림도 제의와 관련된 것으로 보고 있다.

이러한 제사나 제의 행위는 조상에 제사를 드리는 제사의례,

나뭇가지에 새가 앉아 있는 솟대(짐대, 농경문청동기)

간돌검에 기원하는 사람 모습(여수 오림동)

풍요와 다산을 기원한 농경의례, 종교적인 신앙의례 등이 있다. 이외 제단 유적이나 파쇄 행위를 한 유적이 있다. 제단으로 쓰인 것은 선돌을 중심으로 한 것과 고인돌을 가운데에 두고 주변에 장방형의 제단 유적이 있다. 제사 유적 주변에서는 많은 민무늬토기편들이 출토되어 당시 사람들의 자연 거석을 대상으로 한 신앙 행위의 수행 과정에서 이루어진 파의식을 행하던 것으로 추정된다. 그리고 하천변의 바위절벽이나 구릉 계곡에 위치한 바위 등에 새겨진 바위그림 유적이 의식을 거행하던 제사터祭場로 이용되기도 한다. 태양 등을 상징하는 동심원이나 신상 같은 상징적 무늬와 사슴, 호랑이, 고래 등의 동물과 이를 포획하는 사람들의 모습이 그려져 있다.

집단 경쟁과 교역

청동기시대 사회는 국가 형성의 과정으로 이해될 수 있다. 이 사회는 혈연을 중심으로 한 공동체 사회에서 점차 지배층이 등장하는 계층사회로 변화되어 가면서 역사상 삼한의 각 소국들이 각 지역에서 형성할 수 있는 기반이 마련되었다.

고인돌 축조와 같이 대규모의 노동력을 동원할 수 있는 사회는 안정적인 식량을 확보할 수 있는 농경을 배경으로 정착생활이 필수적이다. 따라서 농경지의 확보를 위한 집단 간 경쟁과 갈등이 심화되었으며, 서로의 영역을 설정할 필요성도 커졌다. 그런 영역 표시를 위해 고인돌이 축조되기도 했다.

집단 간의 싸움은 영역 확장과 더불어 노동력 확보 차원에서 심화되었다. 청동기시대 중기에 속한 집자리는 화재에 의해 폐기된 경우가 많아 집단 간 갈등이 매우 심화된 사회로 여겨지며, 이와 관련하여 전사자의 무덤으로 고인돌이 쓰이기도 하였다.

화재로 소실된 집터
(홍천 철정리)

비파형동검과 간돌검
(세바스티언 촬영)

또한 청동기시대에는 전문 장인집단의 존재와 활발한 교역이 이루어졌던 것으로 보인다. 전문인은 특수한 기술적 능력을 보유하고, 지배층과 밀접한 관계를 유지하는 신분이었다. 특히 유물 중 청동검과 간돌검은 지배계층 무덤의 부장유물로 사용되기 때문에 숙련된 전문인에 의해 제작되었을 것으로 보여진다.

청동기 제작에는 원료의 구입이 까다롭거나 고도의 기술이 요구되는 작업이다. 아직 거푸집이 발견되지 않아 확실한 근거는 없지만 비파형동검은 납동위원소 분석에 의해 남한산으로 판명되었고, 또 수차례 주조가 이루어진 점들은 청동기를 제작하던 전문 집단이 남한 지역에 존재하였을 가능성이 매우 높다. 또한 간돌검의 제작은 형태가 복잡하고 두께가 1센티미터 내외로 일정하게 만들어야 하기 때문에 상당한 기술을 요구하는 작업이다. 간돌검은 일정한 석질을

교역품인 천하석제 옥
(여수 평여동)

사용하고 있어 석재의 선별과 숙련된 제작 기술자가 필요하고, 제작하고자 하는 형태를 제도해야 한다. 이러한 것은 간돌검 제작에 따른 전문인과 교역의 존재를 시사한다.

그리고 남해안 지역 고인돌에서 많은 양의 천하석제 옥들이 발견되고 있는데, 이러한 옥은 경남 진주의 남강댐유적에서 많은 옥석제와 함께 제작 과정을 보여주는 일련의 도구들이 확인되었다. 이러한 옥은 교역을 통해 얻어진 옥을 장신구로 사용하거나 부장유물로 쓰였음을 알 수 있는 것이다. 이처럼 청동기시대에는 다양한 전문 집단이 존재했고, 집단 간 교역도 활발히 이루어졌던 것이다.

지배계층의 등장

청동기시대의 사회 구조에서 지배집단과 지배자의 출현 과정은 가장 많이 분포하고 조사된 고인돌을 중심으로 하여 그 군집의 수, 출토유물, 무덤방의 배치상 등을 통해 추론이 가능하다.

고인돌의 군집 안에서의 분포 수 차이는 축조한 집단의 규모나 축조 기간의 차이와 관련된다. 고인돌이 대군집을 이룬 경우 혈연을 중심으로 한 집단이 계속 여러 세대에 걸쳐 묘역을 조성하였음을 보여준 것으로 해석할 수 있다.

유물에서도 청동기나 옥에서 실생활용구들에 이르기까지 다양하게 나타나는데, 유물 중 청동검, 옥, 간돌검 등은 높은 신분을 상징하는 것이다. 청동기는 가장 유력한 집단이나 신분의 소유자가 아니면 소유하기 어려웠을 것이다. 이는 당시의 집단 간의 교역 또는 상위

집단이 하위집단에게 증여하거나 하사한 물품으로 생각해볼 수 있다.
옥도 천하석제나 벽옥제로서 생산지가 한정되어 있고, 절단이나 가는
구멍을 뚫는 방법을 터득한 제작기술자의 등장을 상정해볼 수 있다.
그리고 간돌검의 경우 재료를 쉽게 구할 수 있고 만들 수 있으니 쉽게
소유했을 것으로 생각하기 쉽지만, 검은 무기로서 지위의 상징으로
해석되기 때문에 이 역시 상위 신분이어야 가질 수 있는 물건이다.

2 고인돌 사회의 다양한 도구

청동기

청동기시대에 사용된 청동기는 재료의 희귀성 때문에 무기나 의기가 대부분으로, 농구나 공구 등 생활용구는 비교적 적었다. 무기류에는 비파형동검琵琶形銅劍, 세형동검細形銅劍, 청동투겁창銅鉾, 청동꺽창銅戈, 청동화살촉銅鏃 등이 있다. 우리나라의 비파형동검은 검신 한가운데에 단면 타원형의 등대脊突가 있는데, 이 점이 중국식 동검이나 북방식 동검(오르도스동검)과는 다르고 다음 시기의 세형동검과는 유사하다. 형태는 날 중간에 돌기가 있고 하부로 갈수록 팽창되면서 곡선을 그려 중국 고대 악기인 비파처럼 생겼다 하여 비파형동검이라고 한다. 중국 랴오닝성에서 많이 출토되어 요령식동검遼寧式銅劍이라고도 부른다. 이 동검은 중국의 랴오닝성, 지린성과 우리나라에서 출토되고 있다. 우리나라에서는 여수반도 등 남해안 지역에서 집

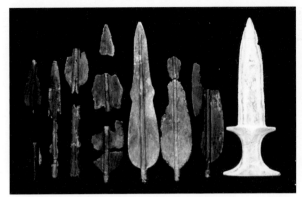

고인돌에서 출토된 청동기(여수 적량동)

비파형동검 복원모습

중 출토된다. 금강유역과 남해안 지역에서 출토된 비파형동검은 슴베柄部 끝에 홈이 있는 형식으로 다른 지역에서 출토된 것과는 차이가 있다.

세형동검은 비파형동검에 이어 청동기시대 후기에 나타난 것으로 검신 허리가 파였고 등대의 가로마디가 뚜렷한데, 우리나라에서 집중 출토되기 때문에 한국식동검韓國式銅劍이라고 부르기도 한다. 청동투겁창은 중국 전국시대 투겁창의 영향을 받아, 곧은 날에 길이 30센티미터 미만인 단봉 형식으로 만들어졌지만 간혹 의기화된 것들도 있다. 청동꺽창 역시 중국식 꺽창戈을 모방하여 만들어졌지만 형태상 완전히 다른 모습을 가진 한국식으로 처음에는 길이가 짧고 너비가 좁은 것이 만들어지다가 점차 너비가 넓어진다. 청동화살촉은 촉신의 날개 모양에 따라

고인돌에서 출토된 청동도끼와 화살촉(속초 조양동, 지현병원장 제공)

세형동검 복원 모습

양익촉兩翼鏃과 삼익촉三翼鏃으로 구분되는데 양익촉이 대부분이다.

　의례 행위 때 사용되는 의기류에는 다뉴경多紐鏡, 방울, 방패형동기, 검파형동기, 농경문청동기 등이 있다. 다뉴경은 거친무늬거울과 잔무늬거울이 있는데 보통 뒷면에 손잡이가 2개이고 여러 가지 기하학적인 장식적인 문양이 그려져 있다. 그 무늬의 선이 거친 것을 조문경粗紋鏡이라 하며, 세밀하고 정교한 것을 정문경(세문경細紋鏡)이라 한다. 방울에는 여덟 가지 방울이 달린 팔두령과 가지 양 끝에 방울이 달린 쌍두령, 나무자루 끝에 부착하도록 만든 간두령 등이 있는데 각기 방울에는 조그마한 둥근 구슬이 들어 있어 흔들면 소리가 난다. 그리고 방패 모양의 청동기인 방패형동기, 검 손잡이 모양인 검파형동기, 나팔 모양의 나팔형동기 등이 충남 지방에서 집중적으로 발견되고 있다. 또한 농경문청동기에는 따비와 괭이로 밭을 일구는 장면, 추수하여 바구니에 담는 모습, 나뭇가지에 새가 앉아 있는 모습 등 당시의 농경 모습을 알 수 있는 그림이 새겨져 있다.

공구工具류에는 도끼, 손칼, 끌, 첨두기 등이 있으며, 발견된 수는 많지 않다. 도끼는 날 부분이 부채 모양을 이루고, 도끼머리 부분에 네모꼴의 구멍이 있어 나무자루를 끼우게 되어 있다. 손칼은 자루까지 한꺼번에 주조한 것과 그렇지 않은 것이 있다.

간석기

청동기시대의 일상 생활도구는 신석기시대에 이어 아직도 간석기磨製石器 또는 목기木器가 주로 사용되었다. 농경의 발달과 함께 다양한 간석기가 제작·사용되었는데, 신석기시대보다 종류가 다양해지고 형태가 정형화·규격화되었다. 석기를 제작할 때, 먼저 적당한 크기로 석재를 쪼갠 뒤 형태를 만들며, 1차 조정을 거친 후 최종적으로 숫돌砥石을 이용해 갈아서 완성한다. 숫돌은 간석기磨製石器의 형태를 잡거나 도구의 날을 세울 때 중요한 도구이다. 석기의 재료는 매우 다양하여 화강암, 점판암, 유문암, 응회암, 안산암, 혈암 등으로 용도에 맞는 석재를 사용했다. 석기 제작의 기본 공정은 자르기擦切, 갈기磨研, 구멍뚫기穿孔 등 세 가지 기법이 있다. 이러한 기술은 석기 제작기술뿐 아니라 골각기, 옥 등의 장신구나 목기의 제작 등 전반적인 생업기술에 널리 사용되었다.

기경구와 수확구 복원 모습

기경구起耕具는 땅을 갈거나 파는 데 사용되는 도구로 괭이, 가래, 따비, 호미, 삽 등이 있다. 돌로 만든 것과 나무로 만든 것이 있는데, 재료에 따라 형태가 다르다. 목제 기경구는 출토된 예가 많지 않지만 석제 목공구의 보편화로 목제 기경구가 많이 쓰였을 것으로 추정된다.

수확용 농경구는 돌칼石刀과 돌낫石鎌이 대표적이며, 이외에 부리형석기가 있다. 돌칼은 곡식의 이삭을 따는 데 쓰이며, 반달형돌칼과 삼각형돌칼이 있다. 중앙 상단부에 2개의 구멍이 뚫려 있는데, 여기에 끈을 꿰어서 손으로 잡고 사용한다. 날 부분과 등부분의 형태에 따라 여러 종류가 있다. 돌칼은 수평 방향으로 힘을 작용시켜 무엇인가를 자르는 것이 아니라 날을 이용하여 식물의 줄기를 꺾는 식으로 사용한다.

돌낫은 곡식이나 잡초를 베거나 이삭을 자르는 데 사용되었던 수확용 도구로, 30센티미터에 가까운 대형과 15센티미터 전후의 소형으로 나뉜다. 돌낫의 형태는 오늘날의 낫과 유사하며, 등 부분과 날 부분으로 구분된다. 날의 형태에 따라 직선 날에 끝 부분이 휘어진 형태와 끝 부분이 살짝 반전하면서 창과 유사하게 뾰족한 것으로 나눌 수 있다.

청동기시대에는 농업생산력을 향상시키기 위해서 각종 목제 도구가 발달되었다. 청동기시대의 석제 공구는 대부분 목재를 가공하는 데 쓰이는 공구였다. 목제 도구를 만드는 데는 각종 도끼, 끌, 대패, 자귀 등의 석기가 사용되었는데, 오늘날 보이는 목공구의 형태가 이미 이 시기부터 나타나기 시작하였다. 크게 1차 가공(벌채, 절단과 분할 작업)에 쓰인 조개날처럼 생긴 양인석부류(주로 대형), 형태 성형에 쓰인 자귀류(홈자귀有溝石斧, 턱자귀有段石斧), 세부 가공에 쓰인 한쪽에 날을 세운 단인석부류(주상단인석부, 돌끌, 돌대패 등)로 나뉜다. 이러한 석기는 자루 부착 방식에 따라 석기와 자루가 일직선을 이룬 일자병과 직각으로 연결된 곡병(ㄱ자형)이 있다. 돌끌이나 돌대패 등 세부 가공에 쓰인 도구는 일자병인 반면에 힘을 써야 하는 도끼나 자귀류 등은 곡병 형태로 만들어 사용했다.

목제 도구의 제작 과정은 크게 벌채, 제재製材(원목을 분할), 건조, 절단, 정형(1차, 2차)으로 나누어진다. 벌채와 제재 과정에는 주

곡물수확구(돌칼, 돌낫)

돌칼로 이삭을 따는 모습

로 양쪽날을 가진 양인석부를 사용하는데, 양인석부는 원하는 크기로 절단하는 과정에도 일부 사용되었을 것이다. 자귀로는 형태를 다듬고, 돌끌과 돌대패로 정교한 형태를 완성한다.

목제 가공도구 복원 모습

석기로 만든 목공구들

돌도끼에 자루가 결구된 모습

무기류는 간돌검磨製石劍과 돌화살촉石鏃, 돌창石槍이 대표적이며, 돌화살촉과 돌창은 수렵도구로 사용되기도 한다. 간돌검은 청동기시대를 대표하는 석기로, 주거지에서 발견되기도 하나 주로 고인돌 등 무덤의 부장유물로 출토된다. 간돌검은 검신과 자루로 구성되며, 자루는 손잡이가 달린 것과 따로 만든 손잡이를 부착할 수 있게 슴베莖部에 홈을 판 것이 있다. 사용된 석재는 주로 퇴적암 계통으로 층층이 결이 잘 나 있는 석질을 선호하였는데, 점판암, 셰일, 혈암이 많으나 응회암류도 있다. 길이는 대부분 20~30센티미터 내외이나 67센티미터에 이르는 것도 있다.

돌화살촉은 수렵 도구이자 무기로, 신석기시대부터 나타나지만 청동기시대에 와서 다양화되고 정교해졌다. 석재는 혈암, 이암, 편암, 판암, 혼펠스 등 다양한 재료가 이용되었다. 길이 5센티미터 내외의 것이 가장 많으나 긴 것은 10센티미터를 넘는 것도 있다. 주거지에서 출토된 돌화살촉은 길이가 짧고 재가공한 것이 대부분이고,

여러 종류의 간돌검

무덤의 부장용 돌화살촉은 길이가 길며 완제품으로 발견된다. 빠른 시기에는 직삼각형의 밑에 홈이 있는 삼각만입촉과 슴베에 단이 져 있는 이단슴베식 화살촉이, 늦은 시기에는 일단의 슴베식 화살촉이 많이 만들어졌다. 옛 기록에 보이는 활대는 약 120센티미터 길이의 자작나무로 만들고 화살대는 40~50센티미터 내외의 싸리나무(광대)나 대나무를 이용하였다고 한다. 현재도 화살을 사용할 때는 독약을 묻혀서 사냥에 사용한다고 한다.

돌창은 수렵도구 중 가장 살상력이 높은 도구로, 구석기시대 이래로 짐승 사냥에 효과적으로 이용된 사냥도구인 동시에 공격과

여러 종류의 간화살촉과 돌창

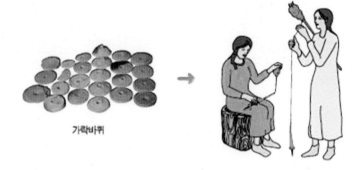

가락바퀴

가락바퀴 사용 모습

방어기능이 있는 위력적인 무기이다. 민족지
자료에 의하면 호랑이나 곰 또는 커다란 멧돼
지와 같은 맹수들을 사냥할 때에는 활을 쓰지
않고 주로 창을 썼다고 한다. 모양은 돌화살촉
과 비슷하게 생겼으나 돌창이 10~15센티미터
로 길고 크다.

　가락바퀴는 실을 뽑을 때 사용하는 방적
구의 일종이다. 지금까지 알려진 선사시대 방
적구는 원반 모양, 팽이 모양, 주판알 모양, 공
모양 등이 있다. 그중에서도 원반 모양이 가
장 많이 사용되었다. 가락바퀴의 가운데에는
회전력을 이용하여 막대를 꽂을 수 있는 둥근
구멍이 뚫려 있는데, 이 구멍에 가락바퀴의 축
이 될 막대를 넣고 축을 회전시키면서 서서히
실을 뽑는다. 실을 뽑은 도구 이외에 석기나

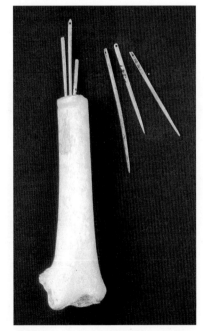

바늘과 바늘통

옥 등에 구멍을 뚫을 때 사용되는 활비비 축으로 사용되기도 한다. 재질로 보면 흙으로 구운 것, 돌로 만든 것, 질그릇 조각을 갈아서 만든 것 등이 있지만 원반형 형태의 돌이 대부분이다.

조리구는 음식 재료의 가공구로, 갈돌과 갈판, 돌공이가 대표적이다. 갈돌과 갈판은 함께 세트로 사용되는데, 나무 열매나 곡물의 껍질을 벗기고 가루를 만드는 데 쓰는 원시적인 제분구이다. 절구나 확독, 맷돌의 전신으로 오늘날 믹서기의 원초적인 형태이다. 갈판은 장방형이며 사용면이 편평한 것과 오목한 것이 있고, 갈돌은 석봉형과 렌즈형, 공이형이 있다. 오목한 갈판과 공이형 갈돌 세트는 갈돌을 회전시켜 곡물가루를 내는 마분용에 사용한다. 공이형 갈돌은 대부분 길쭉한 자연석을 사용하는데, 마찰에 의한 마모흔 또는 광택흔이 남아 있다. 편평한 갈판에 사용된 석봉형 및 렌즈형 갈돌은 가루를 내는 용도뿐 아니라 곡물의 껍질을 벗기는 용도로도 쓰였을 것으로 추정되는데, 앞뒤로 밀고 당기면서 사용했다. 주로 도토리와 나무

곡물을 만드는 갈판과 갈돌

열매 등의 견과류와 참마 등 근경류根莖類의 제분가공이 목적이다. 갈판은 30~70센티미터 크기의 사암제로 된 편평한 네모난 돌을 주로 활용한다. 갈돌은 20~40센티미터 정도의 자갈돌 또는 사암제로 긴 모양의 장방형이 주로 사용된다. 돌공이敲石는 긴 절구공이 모양과 납작한 공 모양이 있다. 주로 가늘고 긴 종 모양의 돌공이는 넓은 면을 많이 사용하며 곡식뿐만 아니라 채집한 식물을 찧는 데 사용되었다. 공이의 특징은 아랫면에 찧은 흔적이 남아 있다. 돌공이와 돌절구는 한 조를 이루지만 돌공이만 출토되는 예가 많고 돌절구의 출토량은 매우 적다.

토기

토기는 물을 끓이거나 음식물을 조리하기 위한 것에서부터 곡물 저장용에 이르기까지 다양하다. 특수용기인 적색마연토기(붉은간토기紅陶)나 가지문토기彩文土器는 부장용으로도 사용되었다. 각 시대나 시기에 따라 토기 형태와 문양 등이 달리 나타나기 때문에 다른 유물들과는 달리 시대나 시기적 특징을 가장 잘 나타내고 있다.

토기는 찰흙에 가는 모래를 섞어서 반죽한 태토를 이용해 사용하고자 하는 그릇들을 만든다. 물기가 있는 그

불을 일으킨 발화석(의주 공귀리)

야외 토기 가마(춘천 천전리)　　　　　　　　　　덮개형 가마로 구워진 토기 모습

릇은 그늘이나 야외에서 일정한 시간 말린 뒤 굽는다. 토기를 굽는 데는 두 가지 방법이 알려져 있다. 하나는 땅을 파고 돌을 깐 다음, 그 위에 그릇을 쌓고 주위에 불을 지피는 방법이다. 또 하나는 마른 짚이나 풀을 깐 뒤에 땔감과 함께 그릇을 쌓은 뒤, 갈대나 가는 나뭇가지로 지붕을 씌우고 진흙으로 밀봉하여 굽는 덮개식 가마다. 이런 방법으로 토기를 구우면, 밖으로부터 산소가 공급되기 때문에 토기 표면이 붉은색을 띠게 된다. 청동기시대의 토기가 모두 갈색, 황색 등 붉은색 계통의 색을 보이는 이유다. 삼국시대 이후는 밀폐된 굴가마를 사용하는데, 가마 안의 산소가 소진되어 청색 계통의 색을 띤다.

　　저장貯藏용 토기인 대형 항아리 형태의 호형토기는 대개 높이가 50센티미터 이상으로, 곡물을 저장할 목적으로 특별히 제작되었는데, 신석기시대의 토기와는 두드러지게 다른 특징이다. 전기에는 대형 호형토기를 주거지 바닥을 파서 묻고 그 안에 곡물을 저장하였으며, 중기가 되면 집 주변에 참호처럼 구덩이를 파고 내부에 목탄이나 불로 굳힌 흙燒土을 채워 습기를 막는 시설을 마련하여 저장하게 되었다. 집자리에서 출토되는 가지문토기와 적색마연토기는 항아리의 목 부분이 좁게 제작되어 내용물을 보호할 수 있게 하였는데, 종자보관용의 저장 토기일 가능성이 있다.

저장용과 조리용 토기

그을음 흔적이 있는 조리용 토기(홍천 철정리)

토기로 음식을 조리하는 모습

조리調理용 토기는 대개 높이 20~40센티미터 정도이며, 조리방법에 따라 그을음이 달리 나타난다. 대개 토기를 바닥에 안정적으로 놓은 후 그 주위에 불을 피워 끓이는 방법으로 추정된다. 이렇게 사용된 토기는 전면에 그을음이 붙어 있고, 토기의 아래쪽에 돌이나 흙을 이용해 간단한 부뚜막 시설을 하고 불을 피워서 사용하면 아래쪽은 직접 불에 닿아 빨갛게 변색되고, 그 위쪽에 그을음이 붙는다.

집자리 인근에 독립된 조리공간으로 야외에 화덕자리(불땐자리, 노지爐址)가 설치되어 있는데 U자형과 원형으로 불에 의해 굳어진 띠가 남아 있는 것이 있다. U자형 붉은흙 띠가 남아 있는 불땐자리는 원시적인 아궁이 형태의 화덕이 존재하였을 것으로 추정된다. 이는 토기의 표면에 붙은 그을음이 그릇의 최대경 부위에 집중되어 나타나는 것으로 보아 알 수 있다. 무엇을 조리하였는지는 내면에 남아 있는 탄화흔을 채취하여 지방산분석을 하면 밝힐 수 있고, 이러한 조리흔이 남아 있는 토기는 연대 측정의 자료로도 이용된다.

식기食器용 토기로는 식사용 소형 그릇의 높이가 5~10센티미터 정도이고, 대접, 접시, 보시기 등 용도에 따라 다양한 형태가 있다.

부장과 의식용 토기는 일상용 토기와는 달리 둥근 바닥의 단지형이나 높은 굽이 달린 소형 토기이며, 토기의 겉면에는 채색이 된 것이다. 단지형 토기에는 적색마연토기와 가지문토기가 대표적이다. 적색마연토기는 토기 표면에 붉은색으로 마연된 것이며, 목이 있고 바닥이 둥근 형태이다. 이 토기는 붉은간토기, 홍도紅陶, 단도마연토기丹塗磨研土器 등으로도 부른다. 집자리에서도 종종 출토되지만 많지 않고 주로 남한 지역에서 무덤의 부장용으로 출토되고 있다. 가지문토기는 적색마연토기와 형태상 같지만 회백색 또는 황갈색을 한 토기 어깨부분에 나뭇잎 모양의 흑색이 채색된 토기이다. 채문토기라고도 한다. 집자리에서는 거의 출토된 바 없고, 무덤의 부장용으로 발견된다. 출토 지역도 남해안 지역의 고인돌과 돌널무덤에서만 발견되어 지역성이 매우 강하다. 대부臺附토기는 잔형(컵 모양), 접시형, 호형 그릇에 굽이 달려 있는 소형의 토기인데, 굽다리토기 또는 대부소호라고도 한다. 이 토기 표면에도 붉은색이 마연되어 있다. 강릉 방내리 돌널무덤처럼 관외에 부장되기도 하지만 주로 집자리에서 많이 출토되고 있다. 지역적으로 호서 지역을 포함한 경기, 강원 등 중부 지역에서 집중적으로 발견된다.

집자리에서 출토된 적색마연토기나 대부호형토기의 경우 특수한 용기로 표면이 채색된 점에서 제의 등 특별한 때의 의식용으로

각종 부장용과 의식용 토기

이용되었던 것으로 보고 있다. 적색마연토기의 경우 당시에 특히 중요시되는 씨앗을 보관하는 용기로 사용된 것으로 보기도 한다.

옥제품

옥은 대표적인 장신구로 원석原石을 갈고 다듬어 작은 구멍을 뚫으면 구슬이 되고, 이 구슬을 수없이 꿰어 달아 길이가 목에 두르는 데 알맞으면 목걸이가 되고, 가슴께에 닿으면 가슴걸이, 귀에 걸

귀걸이용 곱은옥

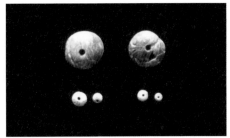

귀걸이로 사용된 옥

옥 재료와 미완성 옥(천하석제, 진주 대평리 옥방)

옥 제작 도구(진주 대평리 옥방)

면 귀걸이, 손가락에 끼우면 반지, 팔목에 끼우면 팔찌가 된다. 옥은 형태에 따라 구슬옥丸玉, 대롱옥管玉, 둥근옥環玉, 굽은옥曲玉 등으로 분류되며, 옥의 사용되는 재료는 석제, 유리, 마노, 수정, 호박, 비취, 천하석제와 벽옥제 옥, 황옥 등이 있다.

고인돌 사회의 사람들이 선호했던 옥은 천하석제로 만든 곱은옥과 구슬옥, 둥근옥이 있고, 벽옥제로 만든 대롱옥이 있다. 천하석제 원석은 남강댐 지역에서 발견된 바 있고, 집자리에서는 옥 제작과 관련된 유물들이 발견되어 당시 옥 제작 상황을 추정할 수 있게 되었다. 벽옥제 대롱옥에 대한 산지 자료는 아직 없다. 대롱옥은 길게 제작한 후 적당한 크기로 자른 흔적이 있고, 관옥의 양쪽에서 구멍을 뚫은 흔적이 있는 경우가 많다. 곱은옥은 쌍으로, 구슬옥과 대롱옥은 수 점에서 수십 점이 발견된 것으로 보아 곱은옥은 귀걸이, 구슬옥과 대롱옥은 목걸이나 옷 장식품으로 사용되었을 가능성이 많다. 이러한 옥들은 주로 무덤의 부장품으로 발견되지만 집자리에서 곱은옥한두 점과 대롱옥이 무더기로 발견된 예도 있다.

고인돌 사회의 무덤과 정신세계

무덤의 사회적 의미

일반적으로 무덤은 당시 사람들의 신앙에 기초를 둔 사회적인 관습의 하나이며, 끈질긴 전통을 지니고 있어 외부의 영향을 쉽게 받지 않는 것이 특징이다. 무덤은 피장자의 주검이 묻힌 표시로, 유택幽宅 또는 성역으로 생각하는 내세관에서 비롯된 것이다. 우리나라 무덤은 구석기나 신석기시대에도 나타나지만 청동기시대에 와서 일정한 형태가 갖추어지고 집단적으로 조영되기 시작한다.

무덤은 장례의식의 하나로 주검을 처리하는 시설이다. 한자로 묘墓인데, 묘는 시상대 위에 안치한 주검을 풀이나 나무로 덮은 상형문자이다. 장사지낼 장葬도 같은 의미를 가진 한자이다. 이로 보아 원래 무덤의 형태는 초분草墳과 같은 형태로 추정된다. 이어 부패된 주검의 흉한 모습을 가리고 전염병을 예방하기 위해 땅에 매장하는 풍습이 생겨났다.

주검의 처리는 당시 사람들의 생활과 신앙에 따라 각 종족마다 다른 풍습을 가지고 있다. 무덤의 원초적인 형태는 주검을 매장한 움 무덤土葬, 土壙墓이다. 토광을 파고 주검을 바로 묻는 움무덤은 구석기 시대 중기부터 보편적으로 나타나는 무덤이다.

주검을 처리하는 방법은 종족과 지역에 따라 다양하게 행해지고 있다. 즉 땅에 묻는 매장을 비롯하여 물속에 주검을 안치하는 수 장水葬, 큰 나무에 주검을 안치하는 풍장風葬, 산상에 주검을 안치하여 독수리 같은 새들에 먹히도록 한 조장鳥葬, 주검을 불에 태워서 뼈만 추려 안치한 화장火葬, 매장하였다가 일정한 시간이 지난 후에 뼈만 추려서 다시 매장한 세골장洗骨葬, 二次葬 등이 있다. 일부 지역에서는 주검을 안치한 나무널을 절벽 위에 안치한 현관장縣棺葬도 있다.

매장은 주검을 어떤 구조물에 안치하느냐에 따라 무덤 명칭들

초분(완도 청산도)

이 달라진다. 예를 들면 나무 판자를 사용하면 나무널무덤(목관묘木棺墓), 판돌을 사용하면 돌널무덤(석관묘石棺墓), 토기 항아리를 사용하면 독널무덤(옹관묘甕棺墓) 등으로, 외형적인 형태나 무덤 구조에 따라 지상의 큰 돌이 상징인 고인돌(지석묘支石墓), 무덤 주위에 도랑시설이 둘러져 있으면 도랑무덤(주구묘周溝墓) 등을 부른다.

무덤은 묘지 선정에서부터 묘의 축조, 부장품 등 매장풍습에 이르기까지 당시의 문화나 사회상을 반영하고 있다. 사후 세계에 대한 생사관과 조영관 등 원시신앙(종교)이나 사상에 기초하여 관습적으로 축조된다. 특히 고인돌은 거석을 무덤으로 채택한 당시 사람들이 가지고 있는 신앙적인 측면, 덮개돌을 채석해서 옮기는 데 따른 경제적·정치적인 측면, 무덤에 묻힌 피장자의 사회적인 측면, 유물을 통한 문화적인 측면 등 여러 측면에서 복합되어 있다.

무덤을 만들어 주검을 매장하였다는 것은 사후세계에 대한 인식이나 죽은 이에 대한 관념이 어느 정도 확립되었음을 말해준다. 구석기시대에도 주검을 별도로 안치한 예가 있고, 매장한 예는 신석기시대에도 있었다. 그러나 분묘의 구조나 매장 방법에 있어서 일관성을 가지게 되는 것은 농경사회인 청동기시대에 들어선 이후다. 주검을 처리하는 방법 중의 하나인 매장의 습속은 정주생활의 결과로 나타난 것이다. 이 무렵부터 고인돌로 통칭되는 무덤이 농경사회의 기념물로서 조성되기 시작하였다. 무덤은 보통 선조의 주검을 묻는 것으로, 이미 신의 경지에 다다른 조상의 숭배, 또는 조상과 후손이라는 관계 인식의 증거가 될 수 있다. 특히 고인돌은 그 일부가 지상에 드러나는 구조를 가진 것으로, 조상신 숭배와 관련된 농경사회의 기념물로 기능하기도 했다. 동시에 고인돌의 축조에서부터 주검의 매장에 이르는 전 과정은 범 집단적 차원에서 치러진다. 거기에는 집단 공동의 의례도 포함되어 있다. 이처럼 조상신을 숭배하고 분묘를 조성하는 관념은 일차적으로는 정착생활과 관련이 있다. 나아가 농경사회가 되면서 그러한 관념은 더욱 구체화되었다고 생각된다. 무엇인가를 남기고자 하며, 전통을 계속 이어나간다는 생각은 혈연집단을 중심으로 한 농경사회가 되면서 확고해졌다고 볼 수 있다.

고인돌 이외 여러 형태의 무덤들

청동기시대에는 고인돌 이외에도 여러 형태의 무덤이 만들어졌다. 돌널무덤이나 돌덧널무덤은 고인돌에 나타난 무덤방과 같은 형태이지만 단지 지상에 드러난 덮개돌이 없다는 점이 다르다. 독널무덤처럼 전혀 다른 것들도 있다. 이 무덤들도 독립되어 있거나 다른 분묘와 함께 발견되기도 하지만 한 곳에 무리지어 나타난 경우가 많다.

돌널무덤石棺墓은 판석을 이용해 관처럼 조립한 매장주체시설이 지하에 마련되고 이를 덮었던 뚜껑돌도 지표면 아래에 묻힌 것이다. 돌관무덤, 돌상자무덤, 돌덧널무덤이라고도 불렀다. 돌널무덤은 북방계통의 무덤으로 굽혀묻기와 머리쪽이 넓은 두광족협頭廣足狹의 돌널형태로 동북아시아 지역의 보편적인 무덤 형태이다. 고인돌과의 가장 큰 차이는 무덤방을 덮은 뚜껑돌이 10센티미터에서 20센티미터 내외로 매우 얇고 지하인 점이다. 고인돌의 특징인 묘역시설이나 받침돌은 전혀 보이지 않고, 무덤방 크기도 150센티미터 이내로 작

돌널무덤군과 독널무덤
(군산 축산리)

돌널무덤(강릉 방내리)

은 편이다. 돌널무덤은 지표면에 전혀 흔적이 없어 발굴조사 과정에서 발견된 경우가 대부분이며, 무리지어 발견되는 경우가 많다. 호서 지역에서는 움무덤나 독널무덤과 함께 공존 양상을 보인다. 입지는

돌널무덤(진주 초장동)

돌널무덤(논산 마전리)

평지도 있지만 대부분 구릉 정상부나 그 사면부로 고인돌과는 약간의 차이가 있다. 고인돌과 공존한 경우는 드물지만 묘역의 중심을 이룬 고인돌 한쪽이나 그 주위에 군집을 이루고 있다. 출토유물은 고인돌에 비해 매우 빈약하다. 주로 간돌검이나 돌화살촉이 일부 확인되고 있을 뿐이다. 하지만 부여 송국리나 배천 대아리처럼 비파형동검, 옥, 이단과 삼각만입촉 등 풍부한 부장유물이 공반된 예도 있다.

돌덧널무덤石槨墓은 깬돌이나 냇돌을 여러 단으로 쌓아 무덤방을 축조한 무덤이다. 돌널무덤에 포함하여 분류하였지만 최근 새로이 분류하는 경향이다. 이 무덤은 돌널무덤과는 달리 사용석재가 다르고, 규모가 크고 깊으며, 부장유물의 비율이 높은 점에서 차이가 있다. 그 형태는 크게 두 가지인데, 지하에 6단 이상 쌓아 깊이가 거의 1미터에 가까운 것과 지표면에 1~2단 정도만 남아 있는 것이 있다. 단

돌덧널무덤(홍천 철정리)

돌덧널무덤(광주 역동)

독으로 발견된 경우가 많으며 주위의 다른 묘제와 공존하더라도 일정한 거리를 두고 독립적인 입지에 자리하고 있다. 부장되는 유물은 전기에 속한 이단경촉이나 삼각만입촉이 많으나 슴베식과 홈자루식 간돌검, 비파형동검, 옥 등이 출토되기도 한다. 이러한 무덤은 부장유물로 보아 청동기시대 전기에 주로 축조된 것이며, 중기 이후에는 거의 나타나지 않지만 깊은 묘광 풍습은 중기까지 이어진다.

도랑무덤(주구묘周溝墓)은 매장주체부 주위에 (세)장방형, 원형, ㄱ자형 등으로 구획을 해서 도랑溝이 돌려진 형태이다. 주로 강원과 경남 지역에 집중되어 있으나 호서와 울산 지역에서도 확인되고 있다. 매장주체부는 돌널이 많으며, 부장유물은 모두 전기에 유행한 유물들이다. 홍천 철정리, 춘천 천전리, 사천 이금동, 진주 옥방 유적, 서천 오석산 등에서 확인되었다. 유물로는 적색마연토기, 가지문토기, 간돌검, 돌화살촉 등이 있다.

움무덤은 토광묘土壙墓 또는 구덩무덤, 순수토광묘와 이단토광묘, 석개토광묘 등으로도 불리고 있다. 이런 이름은 묘광의 구조나 뚜껑의 재질에 따라 붙여졌다. 이단二段움무덤은 이단으로 묘광을 판 것에서, 석개石蓋움무덤은 판상석으로 묘실을 덮은 구조에서 유래됐다. 이단토광은 먼저 장방형이나 타원형으로 깊이 20~40센티미터 정도까지 넓게 판 다음 주검이 안치된 관을 넣을 묘광을 다시 파내려 간 것이다.

움무덤의 매장주체시설은 대체로 나무널木棺이다. 금강유역에서 발견되는 움무덤의 관은 나무널의 흔적이나 나무널을 세우기 위한 홈구멍 흔적, 관 위에 채워진 깬돌의 흔적, 관과 토광 사이에 보강

도랑 무덤군(춘천 천전리,
지현병원장 제공)

도랑으로 구획된 무덤
(홍천 철정리)

된 점토의 흔적, 토광 내부의 U자형 함몰부 등의 존재에서 대체로 나무널로 추정하고 있다. 이런 나무널 위에는 돌(석개)이나 나무(목개)로 덮고 있는데, 목개의 경우 내부 충진토에서 발견되는 탄화목재와 나무널이 썩어 내려 앉은 모습인 U자형 토층에서 찾을 수 있다. 석개의 경우 긴 판상석長大石과 깬돌割石이 있는데, 장대석 여러 장과 그 빈

움무덤(진주 이곡리)

틈을 깬돌로 보강한 것이 일반적이지만 일부는 깬돌로만 덮은 경우도 확인된다. 깬돌을 이용한 것은 소위 돌무지나무널積石木棺墓의 한 특징이기도 하다. 움무덤이 집단으로 발견된 예도 있지만 극히 드물다. 주로 돌널무덤과 공존하지만 그 수는 열세이며, 주로 단독이나 2~3기 정도 군집되는 양상이 대부분이다. 청동기시대 전기 움무덤은 규모도 크며, 슴베식이나 홈자루식 간돌검, 이단이나 삼각만입촉, 적색마연호와 가지문토기호 등 2~3개의 유물이 세트로 부장되고 있다. 중기의 움무덤은 규모도 고인돌과 돌널무덤 규모로 작아지고 유물도 간돌검이나 슴베식 촉 등에 한정되며, 희박한 편이다.

독널무덤甕棺墓은 일상생활에서 사용하는 토기가 관으로 활용된 무덤이다. 이 무덤은 신석기시대부터 나타나나 청동기시대에 와서 성행했다. 청동기시대 독무덤은 아가리 부분이 밖으로 바라진 외반된 항아리형 토기가 일반적이며, 토기 바닥에는 구멍이 뚫려 있고, 납작한 돌로 덮은 것이 특징이다. 독널의 안치에 따라 직치直置, 사치

斜置, 횡치橫置로 구분된다. 직치 독널은 수직으로 세우고 뚜껑돌을 덮은 것으로, 발견된 대부분의 독널이 이에 해당한다. 독널무덤은 주로 직치 독널로 금강유역에 집중되어 있다. 사치 옹관은 70도 정도 비스듬히 안치하고 뚜껑돌을 덮은 것으로 부여 송국리 52지구와 공주 남산리 독널이 있다. 횡치 독널은 광주 신창동이나 늑도에서 볼 수 있는데, 대개 두 개의 옹을 옆으로 눕혀서 만든 것으로 시기적으로 초기 철기시대 유적에서 발견되고 있다. 독널무덤은 단독으로 발견된 경우도 있지만 주로 돌널무덤이나 움무덤과 함께 공존하는 양상이다. 이 때 독널무덤은 1~2기에 불과하다. 유물은 논산 마전리처럼 옥 장신구가 무더기로 발견되기도 하지만 거의 없는 것이 대부분이다.

독널무덤 복원

독널무덤(공주 산의리)

4 여러 거석 숭배의식

벽사와 풍요의 상징, 선돌

선사시대를 대표하는 거석기념물은 거대한 바위를 이용해 만든 고인돌과 선돌(입석立石)이 대표적이다. 고인돌과 선돌 외에도 열석, 환상열석, 석상 등이 있다. 거석기념물은 유럽에서는 신석기시대부터, 아시아 등 이외 지역에서는 청동기시대나 철기시대에 주로 축조되었다. 역사시대나 최근까지 축조되는 곳도 있다. 우리나라의 고인돌은 청동기시대의 유물들이 부장된 점과 방사성탄소연대 등 절대연대 자료로 볼 때 기원전 12세기 전후한 시기부터 기원전 3~2세기까지 약 1천 년간 축조되었다.

선돌은 고인돌과 함께 거석문화巨石文化의 일종으로 자연석이나 자연석을 일부 다듬어 세워놓고 신앙의 대상으로 삼은 것이다. 고인돌 옆에 세워 놓기도 했다. 선돌은 대개 단독으로 세워진 것이 많지

선돌(영암 남송리)

열석(프랑스 카르낙)

만 유럽의 경우 열을 지어 있거나(열석列石), 원형으로 배치한 것(환상열석環狀列石) 등도 있다. 우리나라 선돌은 형태상 두 가지로 구분되는데, 하나는 자연석을 수직으로 땅에 세워놓은 형태가 일반적이며, 다른 하나는 돌을 단처럼 쌓은 누석단 형태에 세워진 적석 선돌이다.

선돌은 켈트어로 '돌Men'과 '높다Hir'라는 의미를 합쳐 'Menhir(멘히어)'라 하며, 영어로는 'Standing Stone(스탠딩 스톤)', 그리스어로는 'Monolith(모노리스)'라 한다. 한자로는 세워진 돌이라 하여 입석立石으로 쓴다. 우리 선조들이 부르던 선돌의 명칭은 입석, 선바우, 벅수, 수구맥이, 돛대바우, 좃바우, 보지맥이, 괴석, 탑, 미륵 등 다양하다. 선돌이 지닌 고유의 성격은 민간신앙과 관련이 깊지만 시대의 흐름에 따라 부가된 의미도 많다. 소위 수구맥이, 돛대바위, 보지맥이 등의 명칭은 모두 풍수지리적으로 해석이 가미된 것이고, 탑이나 미

적석 선돌(순천 우산리)

환상열석(영국 다트모어)

륵 등의 명칭은 불교적인 색채가 농후하다. 적석 선돌은 대부분 '탑'
이라고 부르고 있다.

　선돌의 형태는 성별을 나타내기도 하는데, 윗부분이 둥글거나
네모난 모양의 경우 여성을 상징하는 것으로 할머니탑이나 할미바위
로 불리고, 끝이 뾰족하거나 삿갓 또는 세모난 형태는 남성을 상징하
며 할아버지탑, 삿갓바위, 쇠뿔미륵이라 불린다. 전남 화순 사수리에
는 서방바우, 각시바우, 애기바우로 불리는 3기의 선돌 가족도 있다.

　우리나라 선돌에 대한 전설은 옛날의 힘센 장사가 세웠다는
설, 마고할머니가 죽어서 화석化石이 되었다는 설, 땅에서 솟아났다
는 설 등이 있다. 민간신앙에서는 장수長壽 혹은 자손을 얻거나 자손
이 잘 되기를 비는 신앙의 대상물로 여겨왔다.

　선돌은 위치에 따라 세 가지 기능을 가지고 있다. 고인돌과 함

가족 선돌(보성 율어리)

께 세워진 것은 묘표 기능을 하고, 논밭이나 이를 내려다볼 수 있는 얕은 구릉에 위치한 것은 풍요를 상징하며, 마을 입구에 세워진 것은 사악한 것을 물리치는 벽사僻邪나 마을을 수호하고 지키는 수구守口막이 역할을 한다. 풍요를 상징하는 선돌의 경우에는 암석 숭배로서의 선돌, 성기 숭배로서의 선돌, 칠성·달·거북 숭배와 관련된 선돌로 나눌 수 있다. 벽사와 수구막이의 역할로 수호의 기능을 하는 선돌은 크게 지역수호신, 묘역수호신, 풍요기원신, 이정표 등으로 나뉜

고인돌 옆에 세워진 선돌(구례 구산리)

당산나무 옆에 세워진 선돌(담양 원율리)

당산나무 밑에 세워진 선돌(나주 동사리)

다. 이들 중 앞의 기능은 원시 종교적인 측면이 있고 뒤는 실용적인 기능을 가진다. 대부분 두세 가지 기능을 공유한 경우가 많다. 지역 수호신으로서 기능은 단지 외지인 또는 외세에 대한 수호신적 역할에 그치지 않고 마을 사람들 모두에게 항상 경계심을 갖도록 한다는 점에 있어 현실적 기능이 두드러지는 경우라 할 수 있다.

성기 모양의 선돌은 생산성과 관계되며, 풍요와 다산을 가져오는 것으로 믿어진다. 당산제 때 '옷을 입힌다'고 하여 선돌을 짚으로 만든 새끼줄이나 이엉으로 감싸거나 줄다리기를 한 후 그 줄을 감아 올리는 행위는 생산력 증강을 위한 토속적인 제의 방식이다. 충북 제천 황석리에는 끝이 편평하여 여성을 상징하는 선돌과 뾰족하여 남성을 상징하는 선돌이 함께 있으며, 충북 옥천 석탄리 안터에 있는 것에는 여성을 상징하는 선돌 중앙에 원을 음각하여 임신한 모습을 표현하기도 했다.

선돌은 민간신앙과 관련하여 역사시대 이후에 세워진 것이 대

논둑에 세워진 선돌(나주 양산리)

논 가운데에 세워진 선돌(나주 교촌리)

다수이다. 하지만 대구 진천동 선돌의 경우 지표면에서 70센티미터 높이의 단을 장방형으로 쌓아 구획하였다. 길이 25미터, 폭 12미터의 공간 한가운데에 높이 210센티미터, 너비 150센티미터, 두께 110센티미터의 선돌 1기가 세워져 있다. 주변에서 민무늬토기편과 석기가 출토되어 청동기시대에 만들어진 것으로 밝혀졌다. 이 선돌은 청동기시대 제의와 관련된 제단 역할을 한 것으로 보인다.

줄다리기 후에 그 줄을 감아놓은 선돌(영광 성산리)

풍요와 안녕을 기원한 제사의식

제사의 사전적 의미는 '신령에게 음식을 바치며 기원을 드리거나 죽은 이를 추모하는 의식' 또는 '신령이나 죽은 사람의 넋에게 음식을 차려 정성을 표하는 의식'이다. 고고학에서는 제의, 의례, 제례라는 용어도 함께 사용하고 있다. 제사유적은 신앙 및 제의에 관련

성기석으로 섬기는 선돌(정읍 백암리)

된 일체의 유적으로, 고고학에서는 유구의 상황이나 유물의 성격에서 그 장소 또는 그 인근에서 제사가 행하여졌다고 판단되는 유적을

말한다.

제사의식은 자연현상, 특히 천재지변의 발생에 대한 공포심과 초자연적인 존재나 자연의 이치와 섭리를 인식하게 되면서 절대적인 자연의 힘에 의존하려는 마음에서 발생하였다고 할 수 있다. 즉 모든 사물에 신령神靈이 깃들여 있다고 생각하여 그를 대상으로 풍요와 안녕을 기원하는 것이 제사의 기원이다. 자연에 대한 인식은 제사나 의례와 같은 구체적인 행위로 나타나기 때문에 제사를 지내는 장소인 제장祭場에는 행위의 결과물인 유구와 유물만 남게 된다.

제사는 구석기시대부터 시작되었지만 신석기시대부터 토테미즘, 애니미즘, 샤머니즘 같은 자연에 대한 여러 신앙이 발생하게 되고 이에 따른 의식이 행해졌다고 알려져 있다. 하지만 그 흔적이 남아 있는 경우는 아직 없다. 청동기시대에 와서는 여러 제사유적이 확인되고, 그 의식도 다양하게 행해졌다고 추정된다. 제사의식은 청동기시대 전기부터 확인되고 있으며, 농경이 본격적으로 이루어지면서 농경 관련 농경의례나 조상신에 대한 장송의례가 성행한 것으로 보인다. 청동기시대는 농경사회로 자연에 의존하는 정도가 매우 높아 땅의 신인 지모신地母神을 비롯하여 농업 생산과 관련되는 자연물을 숭배하게 되었다. 또한 고인돌 같은 무덤을 만들게 되면서 죽은 사람을 숭배하는 의식이 생겨났으며, 선돌 같은 기념물을 만들어 집단의 안녕과 풍요를 기원하는 제사의 형태와 장소도 다양해졌다.

제사유적에 대한 연구는 주로 유물의 상징성, 바위그림岩刻畵의 성격, 고인돌의 제단적 기능 등에서 논의되어 왔다. 발굴 자료의 급증으로 장방형으로 구획한 선돌유적과 고인돌유적, 내부에 제단 시설물을 한 환호유적, 유물 파쇄 행위를 한 농경의례와 수변유적, 매납유적 등을 제사유적으로 분류하고 있다. 청동기시대 제사는 농경의례나 장송의례에 대한 연구가 대표적이다. 농경의례는 풍요와 다산을 기원하는 의미로, 장송의례는 조상에 대한 존경과 숭배로 무덤 조성 과정에서 여러 의식이 이루어졌다. 태양 숭배 사상과 관련된 바위그림도 제의와 관련된 것으로 보고 있다.

제사유적에는 고인돌, 선돌, 바위그림, 환호유구, 농경의례와 수변제사, 매납유적, 유물 폐기유적 등 여러 형태의 유적이 있다. 크게 제사를 거행한 장소인 제장유적과 제사에 사용된 유물을 한 곳에 매납 또는 폐기한 유적으로 구분된다. 제장유적은 제사를 행하던 장소로, 대구 진천동처럼 장방형으로 돌을 구획하고 중앙에 선돌을 세운 유적, 제단의 성격을 가진 고인돌, 하천변의 수직 암벽에 여러 물상을 그린 바위그림유적, 야산 정상부에 자연암반과 돌무지유구가 있는 환호유적 등이 있다. 이 유적에서는 자연바위를 이용한 것도 있지만 대부분 큰 바위를 이용해 인위적인 인공물을 설치하였다. 이외 사천 이금동처럼 특수한 형태의 대형 건물지를 제사와 관련한 신전神殿으로 보기도 한다.

제사유적의 입지는 산의 정상부, 경사면, 산기슭, 협소한 계곡 등 높은 지형이나 외진 곳을 택하기도 하고, 마을 주변의 하천변 평지나 구릉 등 물과 인접한 곳을 택하기도 한다. 또는 주거생활 공간과 일정한 거리를 유지했는지, 인접해서 제사를 행했는지에 따라 구분하기도 한다. 제사유적의 입지조건을 볼 때 하늘, 산, 강이나 바다 등 자연신에 대한 제의 행위와 고인돌 같은 인위적인 인공구조물에 의한 제의 행위를 행할 수 있는 신성하며 특수한 장소들을 택한 듯하다.

제장은 사람들이 쉽게 바라보이는 곳이면서 제장에서는 주변 지세를 조망할 수 있는 입지여야 한다. 농경사회에서 가장 중요한 해(태양신), 땅(지신), 물을 숭배하는 특수한 장소를 선정하였다. 또한 당시 자연신과 조상신을 숭배의 대상으로 삼은 것은 집단을 지켜주고 보살펴주는 수호신적인 의미를 내포하고 있다. 따라서 제장은 현실세계와 또 다른 세계를 이어주는 신성한 공간이라는 의미를 지니며, 이 때문에 일상생활 공간과 일정한 거리를 두고 제의 공간을 마련하는 경향이 있었다.

선돌 제사유적은 선상지 말단이나 하천 충적평지, 구릉 등 여

협곡에 자리한 울산 반구대
바위그림

러 입지에서 대개 장방형의 일정한 구역을 적석기단으로 조성하고, 그 가운데에 규모가 큰 선돌이 세워져 있는 유적이다. 일반적으로 기둥 모양의 선돌이 많지만 고인돌 덮개돌 같은 괴석이나 판상석 선돌도 있다.

고인돌 제사유적은 매장의 주체부가 확인되지 않아 제단 또는 묘표석 기능을 하는 고인돌이다. 제단 고인돌은 단독으로 주변을 관망할 수 있는 곳에 입지하고, 묘표석 고인돌은 무덤군이 있는 높은 지형 쪽에 일정한 거리를 두고 독립적으로 입지한다. 묘표석 고인돌은 제단 고인돌과 같이 규모가 거대하고, 형태적으로도 일반적인 고인돌보다 돋보인다. 탁자식 고인돌은 무덤방을 이룬 3장의 판상석이 덮개돌을 받치고 있으며 단벽의 한쪽은 개폐가 가능하게 축조되었다. 기반식 고인돌은 덮개돌 두께가 2미터 이상인 괴석형이거나 1미터 내외인 입방체형 덮개돌에 받침돌 4개가 고인 형태이다. 이외에도 진안 여의곡처럼 원형묘역에 장방형을 덧붙여 돌출시켜 평면 형태가 오늘날의 민묘처럼 된 것도 있고, 여수 세구지 유적처럼 고인돌 군집 중앙에 3장의 장대석 위로 1장의 장대석을 덮개돌로 올려 마치 제단처럼 만든 것도 있다. 제사와 관련된 고인돌 주위의 돌무지묘역에서는 다량의 토기편과 다종다량의 석기편 등이 발견되기도 한다. 이곳은 고인돌에 제사를 지내고 나서 유물을 파기해버린 장소로 추정된다.

바위그림유적은 대부분 협소한 하천변 계곡의 수직 암벽이나 독립된 외진 봉우리가 형성된 곳 등 공간이 좁은 지형을 택해서 제사의식을 거행하던 제장이다. 일상생활 공간과는 멀리 떨어져 있고,

접근이 어려운 입지다. 바위그림은 사람, 동물, 배 등을 사실적으로 표현한 것과 기하학적 문양, 신상神像, 동심원문 등을 도식적으로 표현한 것으로 나눌 수 있다. 이외에 여수 오림동이나 영일 인비동 고인돌처럼 덮개돌 측면에 간돌검 또는 돌화살촉을 새기기도 했다.

바위그림 가운데 사실적으로 표현된 동물을 사냥하는 모습이나 그물과 배 등으로 표현된 고기잡이 모습은 수렵·채집사회에서 사냥이나 어로의 성공을 주술적으로 기원하는 의례의 대상이었다. 기하학적 문양과 추상적이고 도식적인 신상 등은 농경사회에서 농작물의 풍요를 기원하는 의례의 대상물로 보인다. 신상은 태양신을 추상적으로 표현한 것으로 추정되기도 한다. 바위그림 중 새기다가 만 윤곽이 있는 것으로 보아 특정인(제사장으로 추정)이 기본 윤곽을

간돌검에 기원하는 제사 모습
(여수 오림동)

새기면 기원자들이 쪼거나 갈면서 그림을 완성해나간 것으로 추정된다.

당시의 제의 모습을 형상화한 바위그림도 있다. 여수 오림동 고인돌 덮개돌의 한쪽 측면 중앙에는 간돌검과 그 왼쪽으로 간돌검에 비해 왜소한 인물 두 명이 새겨져 있다. 간돌검에 인접한 인물상은 무릎을 꿇고 팔을 가슴께로 올린 채 두 손을 합장하여 간돌검을 향해 무언가 바치거나 기원하는 모습을 하고 있다.

환호 제사유적은 일상생활 공간과는 일정한 거리가 있으면서 구릉이나 야산 정상부에 주로 위치한 유적이다. 높은 지형을 이용하여 제사의식을 행하는 장소로 추정된다. 환호 안에는 주거유구가 거의 없고, 중앙부에 자연암반이나 돌무지시설로 제단을 만들었다. 환호유적의 중앙 제단 주변에서는 유물이 거의 출토되지 않고, 환호를 구획한 구덩이溝에서 토기편, 석기 조각, 덜된 석기(미완성 석기), 제기祭器형 토기편 등 제사 후 폐기한 유물이 다량으로 발견된다. 청동기시대 유물 이외에 다음 시기의 유물도 혼재되어 발견되기 때문에 후대까지 지속적으로 제사 행위가 이루어졌음을 알 수 있다.

이처럼 제장이었을 것으로 추정되는 제사유적 외에도 유물을 파쇄하거나 깨서 버린 장소인 폐기유적이 있다. 마을 주변의 소하천 혹은 인공 수로에 토기나 석기가 밀집 파쇄, 폐기된 곳을 수변 제사유적으로 보고 있다. 마을에서 물과 관련된 제사가 이루어진 후에 제사에 사용된 유물을 폐기한 것이다. 또 마을 주변의 도랑유구나 경작지에서 파쇄된 토기나 석기, 비실용적으로 재질이 다른 소형의 모형 유물이 출토된 곳은 농경의례와 관련된 것으로 해석한다. 이 폐기유적은 제사 행위가 마을 단위로 시행되었던 근거이다.

　　제사에 사용된 유물로는 대부분 깨진 토기나 석기, 청동유물, 불에 그을린 토기, 바닥에 구멍 뚫린 토기, 재사용된 토기와 석기, 미완성 석기, 제기용 유물, 비실용적인 소형 유물(모형품) 등이 있다. 파쇄유물은 대부분 인위적으로 깨뜨렸으며, 제의가 부정 타는 것을 막기 위해 제의에 사용한 용품을 다음에 사용할 수 없게 하는 파의식 풍습이다.

　　매납유적은 제사유물을 한 곳에 묻어둔 곳이다. 제사장은 집단 전체의 안녕을 기원한 후 의식에 사용된 청동기를 외진 곳에 따로 묻어두었는데, 대부분 강이나 바다에 인접한 산의 정상부나 급경사면이다. 특별한 시설을 하지 않고 구덩이나 돌무더기, 바위틈을 이용하였다. 의기용 대형 청동기를 다량 매납한 일본과는 달리, 우리나라에서는 실제 사용한 청동기를 두세 점 정도만 매납했으며, 유적도 많지 않다. 비파형동검도 매납되었으나, 대부분 세형동검(한국식동검) 시기의 무기류이다. 특별한 시설 없이 구덩이에서 간돌검, 가락바퀴, 간돌칼, 자귀 등 목공구용 석기들이 일괄 출토되는 유적도 매납유적일 가능성이 높다.

　　제사의식은 집단의 정체성을 확인하기 위해 풍요와 안녕을 기원하는 의식이다. 사람과 동물의 다산과 번식, 농경의 풍요, 기후의 순조로움, 사회의 안정과 평화를 주로 기원하였다. 초자연적인 힘, 즉 자연사물에 깃들어 있다고 믿는 신에 대한 숭배와 제사의식은 당시 사람들의 생활과 관념, 신앙 등과 같은 정신세계를 이해하게 하는 좋은 자료가 된다. 제사유적의 입지와 제사의식의 내용에 따라 각

각 제사 공간을 가지고 있는 것으로 볼 때, 제사에 참여한 구성원이나 집단의 규모가 다를 것으로 생각된다. 이를 바탕으로 혈연집단이나 지역공동체의 지배자와 계층화까지 추론할 수 있을 것이다. 선돌유적은 복수의 마을로 이루어진 공동체의 제사 장소, 제단 고인돌은 지역공동체에 속한 마을 구성원의 결속과 통합을 다지는 제사 장소, 묘표석 고인돌은 혈연공동체의 조상 숭배를 위한 제사 장소, 바위그림유적과 환호유적은 입지로 보아 상당한 범위를 가진 지역공동체에 속한 구성원들이 참여하는 제사 장소로 해석할 수 있다. 그리고 농경의례와 수변유적은 마을 자체의 제사의식으로, 청동기 매납유적은 지역공동체에서 선출 또는 추대된 제사장을 중심으로 한 제사의식이라고 볼 수 있다.

청동기시대 제사유적에서는 청동기시대에 속한 유물 뿐 아니

강변의 암벽에 새겨진
바위그림(고령 양전동)

라 그 다음 시기인 초기 철기시대에 속한 원형점토대토기나 굽다리접시高杯形, 목긴흑색호黑陶長頸壺 등이 출토된 유적이 많다. 이런 유물은 고인돌과 환호유적에서 주로 확인된다. 이런 제사행위는 청동기시대부터 초기 철기시대까지 이어진 것으로 같은 종족집단에 의해 계속 제사 행위가 이루어졌다고 판단된다. 특히 고인돌 등 제의 관련 유구에서 시기적으로 차이가 있는 유물이 혼재되어 출토된 경우는 새로운 문물(유물)을 받아들인 집단이 제의 후 유물을 매납하거나 버린 것으로, 이를 통해 동일한 집단에 의해 지속적으로 장송의례가 이뤄졌음을 짐작할 수 있다.

제3장

세계적 유산, 고인돌

1 세계의 거석문화

거석문화의 의미와 기능

거석문화巨石文化는 인간이 어떤 목적의식을 가지고, 자연석 또는 가공한 돌로 구조물을 축조하여 숭배의 대상물이나 무덤으로 이용한 문화를 말한다. 거석이란 하나의 구조물이나 기념물 또는 그 일부로 사용된 돌을 말하며, 거석물은 인간 행위에 의해 직접적인 대상물, 즉 돌로 만든 구조물을 뜻한다. 거석문화가 돌을 이용한 구조물을 총칭한다고 할 때, 큰 돌을 이용한 고인돌이나 선돌, 그리고 작은 돌을 이용한 돌널무덤이나 돌무지무덤도 포함될 수 있다.

삼국시대의 돌방무덤을 비롯한 통일신라, 고려, 조선시대의 상류층 무덤이 모두 돌을 사용하였다. 묘 앞의 문·무인석 등 석물들도 거석문화의 일종으로 볼 수 있다. 또한 불교유적의 석불이나 석탑 등 석조미술품도 거석문화의 소산이다. 그러나 우리나라를 포함한 세계의 거석문화는 선사시대의 기념물이나 거석 무덤에 국한하여 보는 것이 일반적이다.

거석문화의 공통적인 특징을 태양 숭배와 관련짓기도 하고, 주로 큰 바다大洋 인근에 분포하고 있어 해양문화의 소산으로 보는 측면도 있다. 이러한 거석문화는 유라시아 대륙을 에워싸고 분포되어 있어 해양문화와 밀접한 관계가 있는 것으로 추정된다. 따라서 해양문화의 요소로서 유럽의 열석 혹은 환상열석을 일출, 일몰을 통해 시간과 계절을 측정하는 유적으로 해석한다. 천문학적 측면의 접근은 항해와 밀접하게 관련되기 때문이다.

하지만 거석은 풍작과 수확물에 대해 하늘에 감사하는 마음에서 세운 기념물, 주변 집단과의 투쟁에서 전승戰勝을 기념하기 위한 개선凱旋적 기념물, 존경하는 지도자를 추모하기 위한 거석비 등으로 세워진 것이라 할 수 있다. 이것은 자연의 여러 현상과 인간의 생사

남해 바닷가 언덕에 있는
여수 창무 고인돌

에서 기원한 것으로 환희와 공포의 대상을 표현한 것이다. 거석의 건조 목적은 크게 종교적·사회적 목적에서 축조된 것과 무덤이나 기념물의 목적으로 조영된 것이 있다. 따라서 지역에 따라 거석의 규모, 구조, 형태가 다양하게 나타나는데, 이 현상은 각 지역의 사회적인 전통과 독특한 문화적인 배경 속에서 축조되었음을 의미한다.

인도양이 보이는
인도네시아 숨바섬 고인돌

대서양이 바라다보이는
프랑스 카르낙 고인돌

거석문화의 종류

세계의 거석문화에는 고인돌支石墓, 선돌立石, 열석列石, 환상열석環狀列石, 석상石像, 돌무지무덤石塚 등이 잘 알려진 대표적 유적이다.

고인돌은 땅 위나 땅속에 무덤방을 만들고 그 위에 거대한 덮개돌을 덮은 형태로 거석문화를 대표하는 유적이다. 유럽에서는 신석기시대부터, 아시아 등 이외 지역에서는 청동기시대나 철기시대에 주로 축조되었다. 고인돌은 대부분 무덤으로 쓰였지만, 공동무덤임을 상징하는 묘표석, 종족이나 집단의 모임 장소나 의식을 행하는 제단(기념물)으로 사용되기도 했다. 농경사회에서 집단 간의 경계를 표시하는 역할도 했을 것으로 추정된다.

고인돌의 형태는 지역에 따라 차이가 있지만 탁자 모양을 한 형태가 세계적으로 축조된 일반적인 것이다. 탁자식 고인돌 중에서 우리나라를 비롯한 아시아 지역은 하나의 무덤방에 하나의 덮개돌이 있는 것이 특징이며, 서유럽에서는 우리나라처럼 단독으로 건조된 것도 있지만 여러 개의 받침돌을 연이어 세우고 그 위에 수 개의 덮개돌을 덮는 터널형(통로형, 복도형) 고인돌이 특징이다. 탁자식 고인돌 한쪽 벽석에 구멍이 뚫려 있는 고인돌은 인도와 그 서쪽인 서유럽까지 나타난다. 북유럽과 서유럽의 고인돌에는 그 주위에 장방형이나 원형으로 돌을 둘러 세운 형태가 유행한다. 즉 환상열석 안에 고인돌이 있는 모습이다. 인도에서 발견되는 환상열석 가운데 지하에 무덤을 만든 것과도 서로 유사성을 보인다. 우리나라 고인돌에서는 한 사람만 매장한 것이 보편적이지만 유럽의 고인돌에서는 한 무덤방에 적게는 몇 구, 많게는 수십 구의 주검이 매장되어 있어 여러 세대에 걸친 공동체의 가족납골당으로 보고 있다. 이것은 고인돌이 공동체 사회를 결집시키는 역할을 하였음을 보여주는 증거가 된다.

선돌은 하나의 돌을 수직으로 세워 놓은 형태로, 고인돌과 함께 거석문화를 대표한다. 우리나라에서는 마을 입구 등지에서 쉽게 찾아볼 수 있으며, 그 기원은 일반적으로 생산과 풍요를 기원하는 남근男根 숭배와 관련된 것으로 보고 있다.

프랑스 카르낙 마네꼐리옹 터널형 고인돌

프랑스 카르낙 마네그로쯔 터널형 고인돌

인도 케랄라주 무르겐빠라 탁자식 고인돌

열석은 한 줄 혹은 여러 줄의 선돌이 평행으로 세워진 석열 형태이다. 특히 프랑스 브르타뉴Bretagne 지방의 열석이 대표적인데, 우리나라에서는 발견되지 않았다. 프랑스 카르낙Cargnac의 열석은 작은 것이 60센티미터, 가장 큰 것이 6미터나 되는 선돌 3천여 개 이상이 3개 구역으로 나뉘어 약 4킬로미터에 걸쳐 동서로 열지어 있다. 이런 열석은 무덤 또는 제사와 관련된 것으로 보는 견해와 하지나 동지의 의례 행위와 관련된 것으로 보는 견해가 있다.

바둑판식 속의 탁자식 고인돌(인도네시아 숨바섬)

마을 가운데 있는 고인돌(인도네시아 숨바섬)

프랑스 카르낙 열석

영국 에브버리 열석

영국 다트모어 환상열석 일부   영국 에브버리 환상열석 일부

환상열석은 선돌을 원형으로 배열한 형태로, 한 열 또는 두 열
이상으로 배열했다. 대표적인 것이 영국의 스톤헨지다. 여기에 사용
된 청석靑石은 210킬로미터 떨어진 곳에서 옮겨온 거석으로, 30개 정
도의 돌을 원형으로 세우고 그 위에 다시 돌을 올려서 연결시킨 것
이다. 내부에 거석 두 개를 세우고 그 위에 장대석을 얹어놓은 삼석
탑三石塔 5개를 U자형으로 배열하였다. 이 돌의 무게는 세워진 것이
30~40톤, 윗돌은 6~10톤이나 된다. 이 환상열석 주위에 길이 1.3킬
로미터의 도랑과 둑이 원형으로 둘러져 있는데, 최소 247개의 선돌
이 있었던 것으로 추정하고 있다. 환상열석은 장례와 관련된 특수의
식 장소로 보는 견해와 하지 때의 일출과 관련한 천체관측용이라는
견해, 병자들의 순례지라는 견해 등 여러 설이 있다.

석상은 사람 얼굴 등의 형상을 묘사한 돌을 세워놓은 것이다.
우리나라에 흔한 돌벅수(장승)나 제주도에 많은 돌하루방, 묘 앞에
세워진 문·무인석 같은 형태이다. 그리고 절이나 절터에 남아 있는

영국 솔즈베리 환상열석

제주 돌하루방   칠레 이스터섬의 석상

석불도 이 석상에 해당된다. 석상은 동남아시아를 비롯한 여러 나라
에서 발견되지만 칠레의 남태평양에 있는 이스터 섬의 석상이 대표
적이다. 이 섬은 가장 가까운 남아메리카 칠레에서도 3천2백 킬로미
터나 떨어져 있는 외딴 섬으로 해안을 따라 2백여 개의 석상들이 바
다를 향해 세워져 있다. 사람 얼굴을 조각한 것으로 웅장하고 당당한
모습이다. 이 석상 중에는 높이 10미터 이상에 무게가 82톤이나 되
는 것도 있다. 석상 규모 등에서 좁은 섬 지역 사람들이 어떻게 만들

었는가는 신비에 싸인 수수께끼이다. 산의 암반층에는 석상을 만들다 만 것들도 남아 있다.

돌무지무덤石塚,積石塚은 긴 통로와 석실방이 있고, 그 위에 돌을 쌓아 덮은 거대한 봉분을 이룬 형태의 무덤이다. 이 무덤은 영국이나 프랑스 등 서유럽에서 고인돌이나 선돌과 같은 시기에 조성된 것으로 추정된다. 이 형태의 무덤은 마치 신라의 돌무지나널무덤積石木棺墓나 고구려 돌무지무덤積石塚처럼 돌을 쌓아 봉분을 이룬 형태와 유사하며, 내부에 조성된 석실은 백제의 돌방무덤石室墳과도 비슷하다. 다만 유럽의 돌무지무덤은 한 봉분 안에 여러 개의 무덤방이 있거나 하나의 통로 옆에 여러 개의 무덤방이 있는 구조로 우리나라와는 다르다. 즉 우리나라는 한 사람 또는 합장한 것인데 비해 유럽은 여러 사람을 묻는 다인장多人葬 무덤이다.

프랑스 브르타뉴 반도 바르네네즈 석총

프랑스 카르낙 로마리아께 석총

세계의 거석문화

고인돌을 비롯한 거석문화는 북유럽, 서유럽, 지중해 연안 지역, 흑해 연안, 인도, 동남아시아, 동북아시아 지역에 걸쳐 세계적으로 분포하고 있다. 주로 큰 바다와 인접한 곳에 밀집되어 있다. 유럽의 거석문화는 모두 대서양 동안을 따라 길게 집중 분포되어 있다. 북유럽의 고인돌은 스칸디아 반도의 발트 해 연안인 스웨덴 남부부

세계 거석문화 분포도

터 덴마크, 네덜란드 북부, 독일 등지에서 발견되고 있다. 서유럽의 고인돌과 거석문화는 프랑스가 그 중심을 이루면서 남쪽으로 포르투갈과 스페인 등 이베리아 반도, 서쪽으로 영국과 아일랜드에 이르고 있다. 지중해 연안의 거석문화는 가장 큰 섬인 코르시카와 사르디니아 섬, 프랑스 남부인 프로방스 지역, 이탈리아의 동남부 반도, 아프리카 북부인 알제리, 지중해 동안인 시리아, 레바논, 이스라엘 등 레반트 지역에 분포되어 있다. 그리고 흑해 연안의 고인돌은 러시아 까프까즈 지역에 집중 분포되어 있다. 아시아 지역인 인도는 데칸 고원 남부 지역에 집중 분포하고 있으며, 인도네시아와 베트남 등 동남아시아, 한국을 비롯한 중국과 일본 등 동북아시아에도 분포되어 있다. 인도나 동남아시아 등 일부 지역에서는 근년까지 또는 지금도 고인돌을 축조한 곳도 있다.

　　유럽의 거석문화는 프랑스 브르타뉴 반도 지역을 중심으로 신석기시대에 농경의 파급과 함께 주변 지역으로 퍼져나간 것으로 보고 있다. 최근에는 스페인과 포르투갈 지역에서 해로를 통해 프랑스와 영국으로 전해졌다는 설도 있다. 또한 이전에는 지중해 동쪽 해안의 레반트 지역에서 지중해를 따라 서쪽의 유럽으로 전파되었다는 설도 있다. 이 거석문화는 주변에서 석재를 쉽게 구할 수 있는 지역을 중심으로 발달하였으며, 거석을 이용한 기념물을 축조했고 천문학적인 지식을 바탕으로 했다는 점에서 공통점이 있다. 무덤의 구조는 널길이 있는 무덤방이 대표적인 형태이다. 하지만 지역에 따라 양식의 차이가 보이고 형태의 유행 정도에서도 차이가 있다. 이곳의 거석 무덤들은 지상에 축조되고 있는 점과 한 무덤방 안에 여러 구의

벨기에 탁자식 고인돌

스페인 탁자식 고인돌

영국 스톤헨지 환상열석

프랑스 카르낙 고인돌

프랑스 로체 고인돌

주검이나 한 봉분 속에 여러 기의 무덤방이 있는 다실묘多室墓가 특징이다. 유럽의 고인돌은 단독으로 있는 것도 있지만 북유럽에서는 장방형이나 원형으로 석열이나 선돌을 잇대어 세워 구획하고 그 가운데에 고인돌이 있는 것이 유행한다. 긴 통로를 가진 무덤 위에 돌로 쌓은 돌무지무덤石塚도 광범위하게 나타난다. 또 탁자식 고인돌 앞에 덧대어진 출입구 시설을 한 것들이 많다. 유럽의 거석물은 대서양을 따라 약 2천5백 킬로미터 범위 약 6백여 개의 유적에서 약 6만여 기의 기념물이 확인되고 있는데, 아일랜드에서는 약 1천6백여 개가 발견되었고 러시아의 까프까즈 지역에는 2천4백여 개의 거석 무덤들이 알려져 있다.

아시아 지역에서는 인도, 인도네시아, 베트남, 대만, 중국, 일본 그리고 우리나라 등 주로 인도양과 태평양 인근에서 발견되고 있다. 인도의 거석문화는 인도 전 지역에서 발견되지만 데칸 고원 남부에 집중되어 있다. 고인돌을 비롯하여 돌널무덤, 독무덤, 움무덤 등이

인도 타밀나두주 치토르 이랄라반다 고인돌

인도 타밀나두주 치토르 이랄라반다 고인돌

발견된다. 고인돌은 덮개돌 밑에 여러 개의 판상석으로 된 받침돌이 무덤방을 이루고 있는 탁자식 형태이다. 인도 고인돌의 큰 특징은 바위 암반 위에 축조한 고인돌과 동쪽 벽석에 원형의 혼구멍靈穴이 뚫려져 있는 고인돌, 무덤방 벽석의 한쪽이 돌출되게 조립한 만卍 자형 석실 형태이다. 고인돌은 보통 지상에 드러나 있지만 흙이나 돌무지로 반쯤 또는 전체가 덮인 것도 있다. 인도 남쪽인 케랄라주의 특징적인 고인돌은 판상석을 둘러 세운 두건형과 반타원형 형태인 버섯

인도 케랄라주 적석 속의 알란빠띠 고인돌

인도 케랄라주 두건형과 버섯형 고인돌(김용준 선생 제공)

베트남 고인돌

이나 우산형을 하고 있는 것들이 유행
한다. 이런 고인돌은 유럽과 우리나라
제주도의 고인돌과 유사하다.

인도네시아에는 여러 종류의 거
석문화가 있으며, 숨바섬이나 수마트
라섬에서는 근래까지도 고인돌이 만들
어지고 있는 것으로 알려져 있다. 수마
트라와 자바섬에는 여러 유형의 거석
기념물이 있는데 고인돌, 돌방石房, 돌
의자石倚, 선돌, 돌단石壇 등이 그것이
다. 고인돌은 탁자식 고인돌을 비롯하
여 바둑판 모양을 한 것과 덮개돌 밑에
판상석을 돌린 것이 있다. 특히 인도네
시아 숨바섬에서는 최근에도 고인돌
이 축조되고 있는데, 산중턱에서 평지
까지 마을 안과 그 주변에 세워지고 있
다. 그 형태는 매우 다양하며, 탁자식이
대부분을 차지하지만 기반식이나 개석
식, 위석식 고인돌까지 있다. 우리나라
고인돌의 모든 형식이 망라되어 있다
고 할 수 있다. 이곳은 고인돌 형태와
축조 과정을 이해하는 데 매우 귀중한
민족지 고고학의 보고이다.

인도네시아 마을 속의 숨바섬 고인돌

인도네시아 동자바섬 바둑판식 고인돌(윤호필 선생 제공)

인도네시아 남수마트라섬 바둑판식 고인돌(윤호필 선생 제공)

중국 저장성 뤼안 치판산 고인돌

중국 저장성 둥차오 개석식 고인돌

중국 랴오닝성 스펑산 탁자식 고인돌

그밖에 말레이반도에서는 탁자식과 기반식을 절충한 고인돌이 발견되었고, 베트남에서는 기둥 모양의 받침돌을 고인 기반식이 조사되기도 하였다. 그 외에도 라오스 등 동남아시아 지역에서 많은 선돌과 열석이 발견되었다. 대만 지역의 고인돌은 약 80여 기가 확인되었는데, 모두 탁자식이다. 소수를 제외하고는 대부분 근래에 만들어진 소형 고인돌로 사당祠堂이나 민간에서 소원을 비는 대상물로 삼고 기원처로 쓰이고 있다.

동북아시아 지역에서는 우리나라 전 지역, 일본 규슈 북서부 지역, 중국 저장성浙江省과 랴오닝성遼寧省, 지린성吉林省 지역에 분포하고 있다. 중국의 고인돌 분포 수는 저장성에 50여 기, 랴오닝성에 760여 기이다. 중국 저장성 고인돌은 푸젠성과 가까운 남부의 뤼안瑞安 지역에 집중되어 있는데, 다이스산岱石山에 36기가 밀집되어 있다. 대부분 기반식과 개석식 고인돌로서 구릉 정상부나 야산 능선에 위치하고 있다.

저장성 뤼안의 치판산棋盤山에 있는 고인돌만 잘 보존되어 있고 나머지는 파괴된 상태이다. 저장성 남쪽의 창난蒼南 지역의 고인돌은 기둥 모양의 받침돌 4개가 있는 기반식과 무덤방을 덮은 하나의 뚜껑돌이 있는 개석식이 혼재되어 있다. 발굴된 다이스산 고인돌의 무덤방은 장대판상석을 잇대어 세워놓은 형태로 한쪽에 입구가 마련되어 있으며, 지하나 낮은 봉토에 묻혀 있는 점에서 외형상 제주도 고인돌과 유사하다. 중국 동북 지방은 우리나라 청동기시대의 문화와 밀접한 관계를 가진 지역으로, 랴오닝성과 지린성에서 고인돌이 발견되고 있다. 아직까지 랴오허 서쪽 지역에서는 발견된 바가 없으며, 랴오둥반도에 집중 분포되어 있다. 이곳의 고인돌은 탁자식이 대표적이다. 가장 큰 고인돌은 스펑산石棚山 고인돌로 길이가 860센티미터, 너비가 510~570센티미터, 두께가 40~50센티미터의 넓고 얇은 판돌로 덮개돌을 하고 있고 그 밑에 길이 275센티미터, 너비

중국 랴오닝성 스펑산 탁자식 고인돌

중국 랴오닝성 스펑고우 탁자식 고인돌

중국 지린성 다사탄 탁자식 고인돌

일본 시토 고인돌

일본 하라야마 고인돌

210센티미터, 높이 233센티미터의 무덤방이 지상에 드러나 있다. 이 형태와 규모는 황해도 안악 로암리나 은율 관산리 고인돌과 비슷하다. 그리고 개석식에 속한 대석개묘는 발해만 연안 지역에 집중되어 발견되고 있다.

일본의 고인돌은 우리나라와 가까운 규슈 지역의 나가사키長崎, 사가佐賀, 후쿠오카福岡에 집중되어 있는데, 약 5백~6백여 기로 추산하고 있다. 일본 남쪽 오키나와 섬에도 고인돌이 있다는 보고가 있지만, 선사시대 이후에 만들어진 것이라 한다. 일본의 고인돌은 큰 것이 2~3미터 정도이고, 작은 것이 1미터 내외여서 전체적으로 규모가 매우 작은 것이 특징이다. 탁자식은 아직 발견되지 않았으며, 소형 덮개돌 밑에 받침돌을 괸 기반식 축소형이 많다. 무덤방은 돌널형, 돌덧널형, 돌돌림형 등이 있으며 이외에 구덩형 무덤도 있다. 일본 고인돌의 또 하나의 특징은 덮개돌 아래에 매장주체시설로 독널무덤을 사용된 점이다.

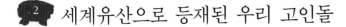

세계유산으로 등재된 우리 고인돌

세계유산 등재의 의미

　세계유산이란 유네스코(UNESO, 국제연합교육과학문화기구)가 1972년 11월 제17차 정기총회에서 채택한 '세계 문화 및 자연유산 보호협약'에 따라 세계유산 목록에 등재된 유산이다. 세계유산에는 문화유산, 자연유산, 복합유산이 있으며, 이외 인류 무형유산, 세계기록유산 등이 있다. 문명과 자연사에 있어 보편적이고 뛰어난 가치를 지닌 세계유산은 전 인류가 공동으로 보존하고 이를 후손에게 전수해야 하는 세계적으로 매우 중요한 가치를 가진 유산이다. 우리나라는 1988년 '세계문화 및 자연유산 보호협약'에 가입하였으며 1995년 12월 베를린에서 개최된 세계유산위원회 제19차 회의에서 경주 불국사와 석굴암, 종묘, 해인사 팔만대장경 및 판전이, 1997년 나폴리의 제21차 회의에서는 수원 화성과 창덕궁이, 2000년 오스트레일리아 케

언즈의 제24차 회의에서는 경주 역사지구와 고창·화순·강화 고인돌유적, 2007년 뉴질랜드 크라이스트처치의 제31차 회의에서는 제주 화산섬과 용암동굴, 2009년 스페인 세비야의 제33차 회의에서는 조선왕릉, 2010년 브라질 브라질리아의 제34차 회의에서는 한국의 역사마을(하회, 양동)이 세계유산에 등재되었다.

이런 세계유산 중 고창·화순·강화 지역의 고인돌 유적은 우리나라에서도 가장 밀집도가 높고 다양한 형식의 고인돌이 한 지역에 분포하고 있다. 또한 고인돌 축조 과정을 알 수 있는 채석장의 존재 등 우리나라 고인돌의 기원 및 성격뿐 아니라 동북아시아 고인돌 변천사를 규명하는 데 있어 중요한 자료를 제공하고 있다. 이를 인정하여 세계유산위원회에서는 등재기준 제3항, '독특하거나 지극히 희귀하거나 혹은 아주 오래된 것'을 적용하여 세계유산적 가치를 인정하였다.

세계유산에 등재됨으로써 국내외로부터 관광객이 크게 증가하고 이에 따라 고용 기회와 수입이 늘어날 수 있으며, 정부의 추가적인 관심과 지원으로 유적의 보존 및 관리의 질을 향상시킬 수 있다. 또한 세계유산의 등재는 유산에 대한 지역 및 국가의 자부심을 고취시켜 문화유산을 보호해야겠다는 국가적인 책임감을 형성시킨다.

세계유산 고창 고인돌유적

고창 고인돌유적은 전라북도 고창읍 죽림리와 아산면 상갑리에 위치하고 있다. 이 고인돌은 1965년에 국립중앙박물관이 발굴하여 잘 알려진 고인돌군이다. 이 두 지역의 고인돌은 같은 산줄기에서로 연결되어 있는 한국 최대의 고인돌 군집 지역이다. 죽림리 매산마을을 중심으로 산줄기 남사면에 등고선을 따라 상갑리에 4개 군집과 죽림리에 6개 군집 등 10개 군집을 이룬 442기의 고인돌이 열을 이루면서 분포한다. 이곳은 고창천을 중심으로 나즈막한 구릉이 펼쳐져 있고 넓은 평지가 형성되어 있다. 이 고인돌 군집지에서 남쪽 고창천 건너편 구릉에는 남한 지역의 대표적인 탁자식 고인돌이 있는 도산리 고인돌유적이 있다.

고창 고인돌의 가장 큰 특징은 1.8킬로미터의 좁은 범위 안에 442기가 밀집되어 있다는 점이다. 세계적으로도 가장 조밀한 고인돌 분포 지역으로, 우리나라를 대표하는 거석문화의 보고라 할 수 있다. 그리고 고창 고인돌은 탁자식과 기반식, 개석식 등 다양한 형태의 고인돌이 분포되어 있다. 특히 도산리 탁자식 고인돌은 북한이나 중국 랴오닝 지방처럼 처마가 넓고 덮개돌이 얇은 전형적인 형태이다. 죽림리 탁자식 고인돌은 지상에 노출된 무덤방이 낮고 덮개돌이 두터워 전형적인 탁자식에서 탈피한 모습을 보여준다. 고창 고인돌의 대부분은 받침돌을 고인 기반식 고인돌이다. 이 기반식 고인돌은 덮개돌이 입체화되거나 거석화된 것들이다. 이중 큰 고인돌의 경우는 길이가 5~6미터, 폭 4~5미터, 두께 2~4미터의 대형 덮개돌이 다수 발견된다. 기둥 모양의 받침돌에 웅장한 입방체형 덮개돌을 가진 기반식 고인돌은 고창 고인돌의 특징 중 하나이다.

고창 고인돌은 부장유물이 거의 없는 것이 또 하나의 특징이다. 일부 고인돌에서 민무늬토기無文土器 조각이 발견되었지만 유물이 없는 경우가 많다. 덮개돌이 없는 무덤방에서 아가리에 원형 띠를 돌린 원형점토대토기가 부장된 것이 발견되었지만, 고인돌 대표적인 부장유물인 간돌검이나 돌화살촉은 아직 발견된 바 없다.

고창 죽림리 고인돌군

고창 죽림리 바둑판식 고인돌

고창 죽림리 탁자식 고인돌

고창 죽림리 탁자식 고인돌

고창 죽림리 고인돌 전경

세계유산 화순 고인돌유적

화순 고인돌유적은 전라남도 화순군 도곡면 효산리와 춘양면 대신리를 잇는 보검재 양쪽 계곡 일대에 걸쳐 있다. 화순 고인돌군은 영산강 지류인 지석강 주변에 형성된 넓은 평지를 배경으로 하고 있다. 이 평지의 남쪽 산기슭을 따라 5킬로미터에 걸쳐 고인돌 596기가 연이어 분포하고 있는데, 이 고인돌군은 모산마을과 지동마을 앞까지 포함하면 약 6킬로미터 정도에 걸쳐 나타난다. 고인돌의 분포는 마을 앞 평지, 마을 내도 있지만 대부분 계곡의 동쪽 산기슭을 따라 군집되어 분포해 있다.

화순 고인돌의 특징은 좁은 지역 안에 596기의 고인돌이 분포되어 타 고인돌군에 비해 밀집된 분포상을 보이는 것이다. 또한 100톤 이상의 커다란 고인돌 수십 기가 발견되어 거석문화로서의 고인돌을 이해하는 데 실증적인 모습을 제공하고 있다. 분포된 고인돌의 개수도 많지만, 여러 개의 판석상 석재를 이용해 지상에 노출되게 짜맞춘 탁자식 고인돌, 바둑판 형태의 기반식 고인돌, 받침돌이 보이지 않는 개석식 고인돌 등 형태상으로도 매우 다양한 고인돌이 공존하고 있다.

화순 고인돌군은 계곡의 산기슭을 따라 띄엄띄엄 군집을 이루면서 분포되어 있고, 개발되지 않은 지역이어서 주변 환경이 비교적 원상을 유지하고 있어 보존 상태가 매우 양호하다. 고인돌의 덮개돌을 채석하였던 채석장과 채석하다만 석재 등도 남아 있고, 여러 형태의 고인돌들이 모여 있어 고인돌의 축조에 이르는 일련의 과정을 살펴볼 수 있다. 이외에도 괴바위나 감태바위 등의 지명과 마고할머니 전설 등 고인돌과 군집 지역에 관련된 지명과 전설이 전해오고 있다.

춘양 대신리 지동마을 앞 고인돌의 발굴로 고인돌이 무덤으로 축조된 사실이 확인되었고, 부장풍습의 일면을 알 수 있게 되었다. 유물은 간돌검, 돌화살촉, 가락바퀴紡錘車, 그물추漁網錘, 돌자귀, 갈판과 갈돌碾石, 적색마연토기편과 민무늬토기편 등 비교적 다양한 편이다. 감태바위 고인돌에서 슴베식 간돌검 완형이 발견되었다. 이 고인돌유적의 축조 시기는 과학적인 연대가 기원전 555년과 770년으로 나와 기원전 500년에서 800년 사이로 측정되었지만 일부 유물로 보아 기원전 1000년 이상으로 소급할 수 있다.

화순 효산리
관청바위 고인돌군

화순 효산리 달바위 고인돌

화순 효산리 괴바위 바둑판식 고인돌

화순 대신리 감태바위 탁자식 고인돌

화순 대신리 감태바위 채석장

세계유산 강화 고인돌유적

강화 고인돌유적은 인천광역시 강화군 하점면 부근리, 삼거리, 고천리, 오상리, 교산리에 위치하고 있다. 주로 고려산 북쪽 산기슭에 127기의 고인돌이 분포하고 있는데, 군집을 이루지 않고 곳곳에 산재하여 분포되어 있다. 강화도는 한강으로 통하는 강구의 섬인데 역사적으로 중요한 지역이어서 고인돌의 존재 또한 일찍부터 알려졌다. 세계유산으로 등재된 강화 고인돌은 상태가 양호한 부근리 16 기, 삼거리 9기, 고천리 18기, 오상리 12기, 교산리 11기 등 66기다. 강화 고인돌은 산기슭, 구릉, 평지, 산마루 등 아주 다양한 입지에 분 포해 있다. 교산리와 고천리 고인돌은 산마루에, 부근리와 삼거리 고 인돌은 평지성 지형, 오상리 고인돌은 고갯마루에 위치해 있다.

특히 잘 알려진 부근리 탁자식 고인돌은 고려산의 북쪽 기슭에 형성된 대지에 있으며, 남한 지방에서 발견된 탁자식 고인돌 가운데 가장 큰 고인돌이다. 이 고인돌의 덮개돌은 장축 길이가 6.5미터, 너 비가 5.2미터, 두께가 1.2미터이며, 지상에서의 전체 높이는 2.6미터 이다. 현재 좌우의 받침돌이 약간 기울러진 상태로 남아 있어 무덤방 내부가 마치 통로처럼 되어 있다. 대지 위에 거대한 덮개돌이 받침돌 에 의해 웅장한 모습을 띤 것이라든지 주위에서 쉽게 관망할 수 있 는 위치에 있는 점에서 무덤으로서의 기능보다는 집단을 상징하는 기념물이거나 제단으로서의 기능이 강한 것으로 보인다.

교산리와 고천리 고인돌은 산마루에 자리하고 있다. 교산리 고 인돌은 해발 2백 미터의 봉천산 북쪽 산마루에 11기가 등선을 따라 열 지어 있고, 고천리 고인돌은 고려산 서쪽 낙타봉에 19기가 분포하 고 있다. 오상리 고인돌은 발굴 후 13기가 정비, 복원되었다. 이 고인 돌은 고려산 서쪽 낙조봉의 끝자락의 고갯길에 입지하며, 대형의 탁 자식을 중심으로 그 아래에는 규모가 작은 탁자식 고인돌이 배치되 어 있다. 탁자식 고인돌군을 보여주는 대표적인 곳이다. 여기서는 간 돌검편, 돌화살촉, 달도끼環狀石斧, 돌칼石刀, 돌도끼石斧, 갈판 등 다양 한 석기류와 적색마연토기편, 민무늬토기편 등이 출토되었다.

강화 부근리 탁자식 고인돌

강화 부근리 탁자식 고인돌

강화 오상리 탁자식 고인돌군

강화 고천리 탁자식 고인돌

강화 대산리 탁자식 고인돌

강화 고인돌의 특징은 탁자식 고인돌이 중심이 되어 분포한다는 점이며, 기념물 용도의 탁자식 고인돌과 무덤으로 쓰인 탁자식 고인돌로 나뉜다. 부근리와 삼거리 등지의 일부 대형 고인돌을 제외하면 대부분 소규모로 무덤의 기능을 가진 고인돌이 다수를 차지하고 있다. 또 하나의 특징은 고인돌이 산의 능선을 따라 입지한 것이다. 일반적으로 고인돌이 강이나 천변의 평지와 평지보다 높은 대지의 산기슭이나 구릉, 고갯마루 같은 곳에 있는데 반해, 강화 고인돌 가운데 교천리 고인돌은 산의 정상에서 산등성이를 따라 탁자식 고인돌이 분포한다.

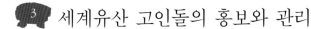

세계유산 고인돌의 홍보와 관리

세계화와 대중화 홍보사업

고인돌유적에 대한 홍보사업은 문화재청과 해당 지자체 등 행정기관의 지원으로 크게 우리나라 고인돌문화를 세계에 알리는 세계화와 국민의 관심을 이끌어내는 대중화라는 패러다임으로 시행되고 있다. 특히 화순 고인돌은 화순군과 재단법인 동북아지석묘연구소간의 유기적인 관계 속에서 추진되고 있다.

세계유산 세계화 사업은 우리나라 고인돌을 세계에 알리고, 고인돌 문화의 우수성을 입증하고, 세계의 학자들과 함께 학술적인 연구 업적을 공유하고자 하는 노력의 일환이다. 고인돌유적의 세계화 사업으로는 국제심포지엄과 홍보책자 발간사업이 진행되고 있다. 고인돌 국제심포지엄은 거석문화의 보존과 활용을 위한 기초자료를 마련함과 동시에 세계유산으로 지정된 고인돌의 홍보와 올바른 정비 및 복원 방향을 모색하기 위해 마련된 것이다. 중국, 일본, 인도, 인도네시아 그리고 우리나라의 각지 고인돌과 청동기시대 묘제를 통해 상호 간의 비교 연구를 주제로 삼아 아시아 거석문화를 총체적으로 정리, 접근하는 계기가 되었다. 앞으로는 유럽이나 아메리카 등 지역을 확대해 실시할 예정이다. 이를 통해 세계의 거석문화 자료를 확보하고 세계 거석문화의 연구센터의 중심이 우리나라임을 알리고자 하는 목적이 있다. 홍보 책자는 교양서적으로 『세계문화유산 화순고인돌』, 『세계유산 고창고인돌』, 『세계유산 강화고인돌』이 일반인에게 제공되고 있고, 외국인을 위해 한국어판을 외국어로 번역하여 배포하여 우리나라 고인돌의 우수성을 이해시키고 세계에 알리고 있다. 지금까지 영어, 중국어, 일어, 프랑스어로 번역되었지만 앞으로 아랍어, 스페인어 등 세계 각국 언어를 망라한 번역서 발간을 추진 중이다.

인도 고인돌 답사에 참여한
한국과 인도의 고고학자

국제심포지엄을 통한 고인돌 세계화사업(동북아지석묘연구소 제공)

　　세계유산 고인돌의 대중화 사업은 우리 국민들에게 고인돌을
알고 이해하며 소중히 가꾸어 나가야 할 유적임을 인식시키고자 하
는 사업이다. 일반 사람을 위한 고인돌 강좌, 역사교사와 함께하는
고인돌 토론회, 어린이용 교양서적 발간, 고인돌 영상자료 제작 및
배포, 선사생활 체험, 고인돌 사랑방 운영, 고인돌 아카데미 등 다각
도로 접근하고 있다. 고인돌 강좌는 우선 우리나라 사람들이 고인돌
을 이해하여야만 고인돌을 지킬 수 있고 보호하고 홍보할 수 있다는
생각에서 시작됐다. 초·중·고등학교 역사교사와의 모임은 학교에서
우리나라 고인돌의 우수성과 자랑스러운 문화유산임을 알리기 위한
것이다. 고인돌 영상자료 제작과 어린이용 교양서적 발간은 학생은
물론 일반인들이 고인돌에 대한 이해를 높이고자 시작된 사업이다.
　　또한 고인돌을 일반인들에게 널리 알리고 소중한 문화유산임
을 일깨우기 위해 체험학습장을 운영한다. 선사시대 체험은 2005년
부터 실시하고 있는 대표적인 고인돌 대중화 사업으로, 선사시대의

지역사회에 고인돌의 의미를 알리기 위한 강좌

전반에 관한 체험학습을 실시함으로서 고인돌유적에 대한 이해를 확대하기 위한 것이다. 매월 넷째 주 토요일 가족 단위 신청자와 일반인을 대상으로 하는 고인돌 선사시대 체험과 유치원 및 초·중등학교에서 요청하여 운영되는 주중 체험학습이 시행 중이다. 참여하는 학부모와 학생들의 관심도는 매우 높은 편이고, 이 체험학습이 전국적으로 널리 알려져서 여행이나 답사 과정의 프로그램 속에 포함하여 요청하기도 한다. 체험 학습 중에서도 특히 고증에 의해 복원된 고인돌 운반틀인 나무끌개 위에 올려진 덮개돌 끌기는 대표적인 체험이다. 주중에는 유치원과 초등학교의 단체 신청이 많다. 이러한 체험학습에 참여한 어린이들은 성장하여 어린 시절 추억의 장소에 가족과 함께 다시 찾아올 것이고, 고고학이나 고인돌에 관심을 가진 연구자도 탄생할 것이다.

답사를 통한 고인돌 알리기

고인돌 축조 체험 후
기념사진

고인돌유적의 관리 상황

세계유산에 등재되면 세계유산에 대해 보존 상태를 모니터링하고 그에 따른 조치를 취하기 위하여 협약국은 5년마다 그 실태를 보고하도록 하고 있다. 그 나라의 세계유산 지역의 보전상태에 관하여 과학적인 보고를 정기적으로 하는 '정기 모니터링 보고'와 세계유산 센터나 다른 기구들이 위험에 처한 유산의 상태에 관하여 보고하는 '위험에 처한 유산 모니터링reactive monitoring' 제도가 있다.

우리나라 고인돌이 세계유산으로 등재된 이유는 인류에 의해 보호되어야 할 보편적인 가치를 지니기 때문이다. 우리만의 문화유산이 아니라 세계적인 문화유산으로 인정받은 유산인 만큼 세계인의 관심을 유도할 필요성이 있다. 그러니 우리나라가 거석문화의 중심지 가운데 하나로 국제적 위상이 강화된 점을 활용하여 지속적인 홍보 활동이 전개되어야 한다. 현재 유네스코에서 거석문화의 목록에 우리나라 고인돌유적을 등재하여 세계 각국에 배포하고 있으며, 국내에서는 안내판을 정비하고 홍보물을 제작하여 국민들의 관심을 유도하는 한편, 고인돌 관련 자료를 외국어로 번역하여 외국인 방문객에게 제공하고 있다.

고인돌유적이 세계유산으로 등재된 이후 관람객 수가 크게 증가했다. 도로망 확충으로 접근성이 높아지는 등 사회 간접 자본시설의 제고와 더불어 세계유산에 대한 지대한 관심이 고인돌에 대한 인지도를 높였기 때문이다. 고창 고인돌유적의 경우 서해안고속도로 개통과 KTX 운행 등으로 접근성이 용이해져 세계유산 등록 이후 매년 관람객이 꾸준히 증가하는 추세다. 화순 고인돌유적은 비교적 늦게 발견되어 세계유산 등재 이후로 매년 관람 인원이 증가하고 있다. 강화 고인돌유적은 초·중등학교 교과서에 수록되어 일찍부터 일반인의 관심이 컸던 데다, 강화 부근리 고인돌 주변이 공원 광장으로 조성되고 주변에 많은 역사 문화유산과 함께 강화 고인돌 문화축제가 시행되면서 방문객이 매년 늘고 있다. 강화 고인돌유적은 수도권 지역이라 쉽게 찾아갈 수 있다는 점도 크게 작용했다.

　세계유산으로 지정된 고인돌유적으로 인해 해당 지역민에게 지역 사랑과 자긍심이 고조되고 있다. 대대로 고인돌과 함께 해온 지역민들에게는 그 유적이 세계적으로 인정받는다는 사실만으로도 큰 자랑거리이며, 고인돌에 대해 자긍심을 가지고 그에 대해 알고 싶어 하는 것은 당연한 일이다. 그들은 고인돌 관련 행사에 적극적으로 참

성역화로 조성된 강화 부근리
고인돌

여할 뿐 아니라 고인돌 보존과 관리에도 남다르게 관심을 보이고 있다. 이와 더불어 고인돌사랑회 같은 문화유산 보호를 위한 시민단체 등 범국민적 활동이 전개되고 있다. 또한 고인돌 전문 연구소가 설립되어 학술적인 평가와 세계 학자들과의 교류를 통해 우리나라 고인돌의 우수성을 알리고 있다.

세계유산으로 등재된 유적은 훼손 방지와 영구보존을 위한 국제기구의 기술 지원과 자문 지원을 받을 수 있다. 훼손되어 복구가 필요할 시에는 세계유산기금에서 재정 지원도 받을 수 있다. 모든 세계유산은 소속 국가에서 훼손 방지와 유적 복구가 이루어져야 하지만 국가 차원에서 할 수 없는 상황에 국한되어 재정적 지원이 행해진다. 그래서 각 국가에서는 책임지고 세계유산을 관리 보존해야 할 의무가 있으며, 국제기구와 해당 국가가 협력하여 관리와 복원에 최선을 다하고 있다. 그 고유한 가치가 훼손될 위기에 처한 세계유산은 '위험에 처한 세계유산 목록'에 오르고, 고유한 가치가 소멸되면 등재 목록에서 삭제된다. 이럴 때 국제 사회에서의 국가의 위상은 낮아질 수밖에 없다.

세계유산으로 등재되면 국제적으로나 국가적으로나 그 유산에 대한 대대적인 홍보활동이 펼쳐지게 되어 많은 사람들의 관심 대상이 된다. 국가나 지자체 홍보물에 소개되고, 학교 교육 차원에서 교과서에 언급되기도 하며, 수학여행이나 학술 답사 코스로 활용되기도 하여 유적지 관광 명소화가 된다. 이는 가족 단위나 단체의 관람객이 증가하면서 주변에 편의시설이 마련되기도 하여 지자체 및 지역 주민 소득 증대에 기여하게 된다. 유럽의 거석문화 관광객이 한

해에 1천만 명 이상에 이른다는 통계에 비추어 우리나라도 고인돌유적지를 세계적인 관광 명소화하기 위해 다각도의 정비 복원이 이루어져야 할 것이다.

많은 관람객이 찾고 있는
영국 스톤헨지

고창 도산리 고인돌을
관람하는 모습

고인돌유적, 어떻게 관리할 것인가

　　세계유산으로 등재된 고인돌유적은 유적 정화사업 기본 계획에 의해 유적 정비, 보존, 관리가 체계적으로 이루어진다. 지정구역의 설정과 완충지역 확보로 고인돌과 함께 주변 경관까지 고려한다. 보호구역 내의 토지 매입을 통한 고인돌 관련 편의 시설물 배치와 설치, 토지 이용 계획, 교통과 탐방로 계획, 조경, 자연 환경 복원 등에 이르기까지 철저한 계획에 의해 유적이 정비되어야 한다.

　　세계유산으로 등재된 후 정비 복원 뿐 아니라 행정적으로 관리 체계를 마련하여 체계적으로 관리 운영되고 있다. 홍보 책자 발간, 홈페이지 운영, 문화 해설사를 활용한 관람객 안내 등 관련 기관의 지원으로 홍보 시스템이 잘 갖추어져 있다. 한편 세계유산으로 등재 이후 세계유산 로고를 활용하여 명칭 표기 등 주요 도로에 접근 안

고인돌 주변 정비 모습
(고창 도산리)

내판을 설치하여 세계유산 안내 체계를 바꾸었다. 이는 관람객의 관심을 유발할 뿐 아니라 쉽게 접근할 수 있도록 하는 효과가 있다.

　　세계유산으로 등재된 고창, 화순, 강화 고인돌을 홍보하고 이해시키기 위해 관련 시설물 설치 및 주변 정비 사업이 이루어지고 있다. 현재까지 추진된 시설물은 고창 고인돌 박물관, 화순 발굴지 보호각, 강화 역사박물관이 대표적이다. 강화 부근리 고인돌유적은 주변 정비 사업이 진행됐다. 고인돌 주변 광장에 잔디를 널찍하게 심고 정비해서 멀리서도 한눈에 고인돌을 관람할 수 있게 했다. 또한 고인돌 주위에 관람로 시설을 하여 고인돌시대의 신비스럽고 성역화된 느낌을 갖도록 유적을 정비해 놓았다. 고창 고인돌 박물관은 고인돌 관련 생활 모습을 복원하고, 체험 학습장 등을 갖췄으며, 박물관 3층에 하늘정원을 만들어 관람객들에게 편의를 제공하는 한편 고인돌의 분포상황을 한눈에 조망할 수 있는 전망대로 활용한다. 화순 고인돌 보호각은 발굴된 고인돌의 무덤방 등 하부구조를 그대로 노출시켜 일반인에게 공개하는 시설로, 자연채광방식으로 3미터 높이의 강화유리로 된 관람시설을 갖추어 발굴지를 내려다 볼 수 있도록 하였다. 고인돌이 무덤이였음을 보여주는 곳이다. 고인돌유적에 대한 상세한 자료를 제공하기 위해 보호각 내에 고인돌을 이해할 수 있게 사진 패널을 설치해 놓았다. 화순 고인돌유적지에는 앞으로 우리나라 최대 규모의 선사체험장을 추진하고 있고, 고인돌 연구 교육센터 건물도 계획되어 있다.

발굴된 고인돌 무덤방을
관리하기 위한 보호각
(화순 대신리)

고인돌 주변 정비 모습
(춘천 천전리)

제4장

고인돌유적의 활용과 계승

1 고인돌유적의 보존

　우리나라의 대표적인 선사유적인 고인돌유적은 최대한으로 보존하여야 하지만 개발 등 훼손이 불가피한 경우 사전에 발굴조사를 실시하여 기록으로라도 남겨야 한다. 만약 기록으로도 남겨지지 않은 채 파괴되어 버린다면 민족문화의 말살일 뿐 아니라 고인돌의 성격과 문화를 규명할 수 없게 된다.

　고인돌 보존 원인은 조선시대까지 뿌리 깊은 민간신앙의 대상이었던 점, 사람들의 공공의 휴식공간으로 활용되거나 장독대나 담장 등 민간의 생활과 밀접했던 점과 풍수지리에 의한 민묘 조성 등의 이유로 잘 보존되어 왔다. 이 중 바위에 영혼이 깃들어 있다는 신앙이 민간에 잠재되어 전승되면서 고인돌을 비롯한 바위에 대한 경외심이 가장 큰 요인이다. 그리고 중요 고인돌에 대한 국가 사적 또는 시·도 단위의 지방기념물과 문화재자료, 군단위의 향토자료 등으로 지정되어 보호되고 있는 것도 한 요인이 되고 있다.

　고인돌유적의 훼손과 파괴 원인은 크게 두 유형이 있다. 즉 자

민묘 때문에 보존된 고인돌(사천 신벽동)

민묘 주변의 고인돌(영암 금정)

민묘로 보존된 고인돌(순천 죽림리)

복사꽃과 어우러진 고인돌(화순 운월리)

주민의 휴식공간으로 활용된 고인돌

마을의 신성한 숲 속 고인돌(해남 연정리)

신앙의 대상인 고인돌(랴오닝 시엔런탕)

가축우리로 사용된 고인돌군

석탑의 지대석으로 사용된 고인돌

연적인 훼손과 인위적인 훼손이다. 자연적인 훼손과 파괴는 산사태·홍수·지진 등 자연 재해에 의해 도괴, 매몰된 경우도 있고, 나무뿌리에 의해 반파되거나 도괴되어진 것도 많다. 인위적인 파괴는 도굴 같은 적극적인 행위도 있지만 옛 선조들의 무덤이라는 사실을 모르고 생활했기 때문에 훼손된 경우도 많다. 즉 논둑을 보강하기 위해, 담을 쌓기 위해, 온돌의 방장으로 사용하기 위해, 디딜방아나 확독으로 사용하기 위해 구멍을 판 것 등을 들 수 있다. 이런 훼손은 일부에 그

비닐하우스 안의 선돌

철책으로 둘러싸인 고인돌

곡물을 말리는 곳으로 사용된 고인돌

담으로 사용된 고인돌

친 반면에 일제강점기의 신작로 건설, 철로 건설 등 대대적인 사업으로 파괴하여 그 석재를 사용하면서 많은 고인돌이 훼손되기 시작하였다. 또한 1960~1970년대에 새마을운동으로 마을 주변의 많은 고인돌들이 파괴되었다. 그 후 중장비가 투입되면서 경작지에 있는 고인돌이 없어지기 시작하였으며, 대규모의 사업으로 인하여 발굴조사의 대상이 되면서 계속적인 파괴 행위가 이어졌다.

발굴 후 이전된 광주 노대동 고인돌

호남고속도로 곡성휴계소에 이전된 고인돌공원

발굴 후 복원된 나주 송학리 고인돌

고인돌은 외형상 바윗돌처럼 생겨 발굴조사 후 이전하여 복원한 예가 많다. 이전 복원 사례는 한 지역에서 발굴된 고인돌을 한 곳에 모아 공원을 조성한 예, 일부를 옮겨 소공원을 조성한 예, 주변 도로변에 부지를 마련하여 복원한 예, 민간 신앙의 대상이 된 고인돌을 마을 주변에 이전 복원한 예, 일부를 교육적 자료를 활용하기 위해 박물관 등에 이전 복원한 예 등이 있다.

전남 지역의 경우 고인돌 복원은 1976년부터 영산강 4개 댐 수몰지구에서 발굴한 고인돌과 석실 일부를 이전한 것이 계기가 되어 그 후로 발굴된 고인돌을 이전 복원하고 있다. 1980년대 초에 발굴된 동복댐 수몰지구 고인돌이 국립광주박물관으로 이전되어 야외전시장에 복원된 것을 비롯하여 주암댐 수몰지구에서 조사된 고인돌을 이전하여 순천고인돌공원으로 조성하였다. 1990년대 이후로는 거의 대부분 인근에 부지를 마련하여 이전 복원하고 있는데, 공사구간에서 발굴된 고인돌을 한 곳에 모아 여수선사공원이나, 호남고속

국립중앙박물관에 복원된 산청 매촌리 고인돌

국립광주박물관에 이전 복원된 고인돌

도로 상행선 곡성휴게소 고인돌공원, 고흥 한천 고인돌공원, 보성읍 고인돌 공원, 장흥댐 고인돌공원을 조성한 것이 대표적이다.

　　그리고 산청 매촌리의 청동기시대 묘역시설과 무덤을 국립중앙박물관으로 이전하여 교육자료로 활용하는 등 지역 박물관이나 대학박물관에 이전하여 관리하는 경우도 많다. 이처럼 고인돌에 대한 보존과 그 활용은 다른 유적에 비해 월등히 많은 관심과 보존 사례를 가지고 있다.

2 외국 거석문화의 관리와 활용

　　외국의 거석문화 관리는 대부분 주변의 자연 경관을 살려 원래의 상태대로 관리하는 것이 일반적이다. 거석문화는 원래 돌이라는 속성 때문에 다른 재료의 유적보다 훼손 위험성이 적고 쉽게 도괴될 가능성이 낮기 때문이다. 특별히 중요한 유적의 경우 정비하거나 대책을 마련하여 관리한다. 거석 유적지는 주변만 정비하고, 거석물은 훼손되었더라도 그대로 관리하는 것이 대부분이며, 유적지 안에 잔디를 심는다거나 하는 경우는 매우 드물다.

　　영국 다트모어 환상열석은 광활한 평원 가운데 위치한 거석문화재들을 정비한 후 야외에 그대로 두고 관리하고 있다. 유적 주변에 말과 양을 방목해 잡초를 제거하여 유적을 관리한다. 이러한 예는 주로 영국에서 보이는데 스톤헨지나 에브버리 유적에서도 볼 수 있다. 짐승에 의한 유적 훼손과 배설물에 의한 주변 환경오염을 우려하여 일부 논란이 되기도 했지만, 광활한 유적지 내의 풀과 잡초를 수시로

가축을 방목하여 관리한
영국 에브버리 유적지

제거하여 항상 청결한 모습을 보여주는 데 효과적이다.

유적지 내부로 도로가 관통하는 경우도 있는데, 대표적인 예로
영국 에브버리 유적지가 있다. 유적지가 넓게 형성되어 있어서 유적
지를 관통하는 옛 도로가 지금도 이용되고 있는 것이다. 또한 광활한
구릉지에 위치한 스톤헨지는 양 옆으로 일방도로가 개설되어 사용
되고 있고, 프랑스 카르냑 유적지에서도 열석 주변과 훼손되어 선돌
이 없는 곳을 도로로 사용하고 있다. 영국 스톤헨지의 경우 자동차의
진동에 의한 유적의 훼손을 우려하여 지하도로 개설을 계획하였지
만 예산상으로 보류 중이다. 도로로 활용되고 있는 곳에서는 차를 타
고 지나가면서 유적지를 관람할 수 있다.

유적지 관리에는 쉽게 찾아갈 수 있도록 안내판을 설치하는 것
이 꼭 필요하다. 프랑스의 경우 유적지마다 안내판이 설치되어 있는

데, 모양은 각기 다르지만 대부분 유적의 위치를 소개하거나 유적을 이해하기 쉽도록 설명하고 있다. 또 마을 내의 유적지나 길가 옆의 경우 도로변에 유적지 입구를 표시하는 표지판을 설치하여 관람객이 쉽게 찾을 수 있도록 하였다. 또한 큰길에 세워진 안내판을 따라가면 곳곳에 소형 안내판이 설치되어 있어 쉽게 찾을 수 있도록 유도하고 있다. 프랑스 최대 크기인 로체 고인돌의 경우는 고속도로변에 대형 안내판을 설치하여 통행하는 사람들의 호기심을 자극하고 있다.

대부분의 거석유적은 유적지를 보호하기 위해 설치하는 경계선 없이 야외에 그대로 방치하는 것이 보통이다. 하지만 일부 중요 유적지는 주변에 철조망 또는 철책을 설치하거나 밧줄로 경계선을 표시하는 경우도 있다. 프랑스 카르냑의 열석군은 유적지 내부로는 들어갈 수 없도록 통제하고 있는데, 철망으로 경계를 두른 주변 도로에서 버스 등 차를 탄 채 관람하거나 도보로 관람할 수 있도록 하였

도로변과 인접된 프랑스 카르냑 열석과 고인돌

영국 에브버리 환상열석 유적지를 관통한 도로

도로변에 유적 입구를 표시한 안내판(프랑스 카르냑)

여러 나라 말로 표기한 안내판(일본)

고, 도로 반대편에서는 낮은 석축 담장 너머로만 볼 수 있게 했다. 영국 스톤헨지의 경우 쇠말뚝을 연결하는 외줄의 밧줄을 연결하여 거석유적 안으로는 접근을 금하고 있다. 철책을 설치해 접근을 원천적으로 봉쇄하는 것으로는 일본의 하라야마 유적지가 대표적이다. 철책의 출입구를 잠가 놓고 관리인 허가가 없이는 출입이 통제된다. 또 중국의 저장성 치판산 고인돌도 주위를 철책으로 둘러 일본과 같이 출입을 통제

고인돌 위치를 알리는 안내판(구례 토지면 신기고인돌)

하고 있다. 중국 스펑산 고인돌은 시멘트로 만든 나무를 결구한 울타리로 경계하여 주변의 과수원과 구분한다.

유적지에서 발굴된 자료를 전시하는 박물관은 영국 에브버리

돌도끼 형상의 안내판(중국 석붕산 고인돌)

철망으로 둘러진 일본 하라야마 고인돌

와 프랑스 카르냑 박물관이 있다. 이곳에서는 발굴 당시 발굴자의 사진과 함께 발굴 모습, 당시 발굴 장비, 출토유물과 유구의 모형들을 전시하고 있다. 프랑스 카르냑 박물관의 경우 국가에서 관리하는 것이 아니라 개인이 관리하고 있으며, 발굴 유적별로 구분하여 발굴된 유적의 모형도를 제시하면서 발굴유물을 전시하고 있다. 소형의 유구는 이전해서 전시장 밖과 안에 복원하고, 발굴된 인골자료와 바위그림이 새겨진 석제도 전시하고 있다. 영국 에브버리 박물관은 규모는 작지만 발굴 광경, 발굴 모습과 축조 과정 재현 등을 전시하여 환상열석 축조 당시의 광경을 생생한 모습을 볼 수 있다.

영국 다트모어 환상열석 유적지에서는 마을 초입에 위치한 체크포드 교회학교에서 환상열석을 소형으로 복원해 야외전시하고 있다. 이 사례는 자신들의 지역에서 잘 알려진 거석문화의 일종인 환상열석 유적을 교육하는 곳이면서 항상 관심을 가지도록 하고 한편으로는 학생들의 자긍심을 고취시키는 것이라 하겠다.

프랑스 카르낙 지역에서 개인이 운영하는 거석문화박물관

그림으로 알기 쉽게 전시한 영국 에브버리 박물관

발굴 당시의 도구 등을 전시한 영국 에브버리 박물관

환상열석 축조 과정을 재현한 영국 에브버리 박물관

초등학교 안에 복원된 영국 다트모어 환상열석

일반적으로 유적지 내의 건물지 등 유적 경관을 해치는 지장물
은 철거하여 유적지를 정비하지만, 프랑스 카르냑에서는 열석군 사
이의 민가나 목초 저장고를 그대로 남겨두어 활용하고 있다. 민가에
서는 음식점을 운영하고 목초 저장고는 열석을 관람하는 관망대로
이용하여 관람객에게 편의를 제공한다. 또한 카르냑의 미셸 돌무지
무덤石塚 정상에는 교회가 세워져 있어서 예배 보러 온 인근 주민들
이 자유롭게 출입한다. 밤에는 교회에 조명을 비추어 멀리서도 쉽게
알아볼 수 있도록 하였다. 이곳에서는 일출과 일몰은 물론, 야경을
조망할 수 있어 관광 명소로 활용되고 있다. 영국 에브버리 유적지
안에도 민가가 그대로 있으며, 양 등을 기르는 우리도 함께 있다.

　　프랑스 카르냑 지역의 로마리아케르 유적지는 발굴한 후에 유
적지를 현지에 그대로 복원하여 야외전시장으로 활용하고 있다. 유
적지는 철조망으로 둘러져 있고, 입구의 건물에는 매표소와 발굴 당
시 사진들이 전시되어 있다. 이곳에는 장방형으로 적석된 묘역시설,

석총 위에 세워진 교회(프랑스 카르냑 미셸 적석총)

전망대로 활용된 프랑스 카르냑 미셸 적석총

영국 에브버리 환상열석 유적 입구에 세워진 안내판

프랑스 카르냑 로마리아케르 유적 안내판과 입구

프랑스 카르냑 로마리아케르
세계 최대의 선돌

원형봉토 안의 터널형 통로로 된 돌멘, 세계 최대의 선돌(넘어져 세 조각으로 쪼개짐) 등이 있다. 돌멘 안의 석실 벽에 조각된 문양은 프랑스 거석문화의 대표적인 문화 상품으로 개발하여 상표로 활용한다. 신비에 쌓인 선돌은 규모 면에서도 압도적이다.

발굴조사가 끝난 후에 일정한 장소를 마련하여 이전 복원하여

발굴 후 이전된 일본 마루야마 고인돌   도자기를 이용한 일본 마루야마 유적 안내판

전시한 사례로는 일본의 마가리타 유적과 산나이 마루야마 유적이 대표적이다. 이전 복원한 곳에 발굴 과정이나 관련 유적 유물을 설명하는 안내판을 설치했는데, 마루야마 안내판은 특이하게 도자기를 이용했다. 마루야마 유적에는 함께 발굴 조사된 굴립주 주거지의 당시 모습을 실제와 같이 기둥을 배치하여 보여주고 있으며, 고분도 함께 복원 전시한다. 일본의 신마치 유적에서는 발굴된 유구를 복원하고, 보호각을 지어 유구를 보호하며, 각 벽면에 그림을 그려 고인돌에 대해 알기 쉽게 설명하고 있다.

거석문화와 관련하여 체험장을 운영한 사례는 거의 없다. 프랑스 카르낙에서 거석축제 기간에 학자 한 명이 조그마한 천막 속에서 어린아이들에게 선사시대 사람들의 도구 제작과 사용법에 대해 묻고 답하는 형식으로 진행한 적이 있는데, 실제 발화구를 이용해 불 피우는 장면을 재현해 보였다. 이 행사는 축제 기간에만 한시적으로 운영되고, 정기적이고 일상화되지는 못하고 있다.

축제 기간에 고고학자가 선사인의 도구 사용법을 시연하는 모습   프랑스 로체 고인돌 공원에 마련된 시간 측정 체험장

프랑스 최대급 돌멘이 있는 로체 유적지는 숲 속에 돌멘이 위치해 있는데, 유적의 경관을 해치지 않도록 얼마간의 거리를 두고 주차장과 편의시설을 마련하였다. 그 옆으로 나무기둥을 세우고 둑을 만들어 관람객이 나무에 기대어 서서 해의 방향을 보고 시간을 측정하는 체험장이 마련되어 있다. 거석문화가 천문학과 관련되어 있으며, 이를 통해 시간과 계절을 알 수 있었던 사실을 체험하는 시설이라고 할 수 있다.

이 밖에 거석문화 유적지가 주민들의 생활 속으로 깊이 들어온 경우도 있다. 일본 마가리타 이전 복원지는 노인들의 게이트볼 경기를 하는 생활체육공원으로 조성되어 주민들과 함께 한다. 인도네시아 숨바섬은 마을 한가운데 거석묘들이 조성되어 있다. 마을 안에는 거석광장을 중심으로 거석묘들이 배치되어 있고, 그 주변을 민가가 둘러싼 모습이다. 마을의 거석묘는 어린아이들의 놀이터로 이용되며, 빨래나 곡식을 말리는 곳으로도 쓰인다. 거석 광장은 농사철과 관련해 마을 자체의 의례공간으로 활용되고 있다. 지금도 종종 거석묘가 축조되고 있으며, 전에는 석재를 이용하였지만 최근에는 석재를 벽돌처럼 채석해 쌓은 다음 안팎에 시멘트를 바르기도 한다. 또 교회가 들어오면서 십자가로 장식하는 새로운 형태의 거석묘도 축조되고 있다. 거석문화가 사회 환경에 따라 변화되고 있는 것이다.

지금도 축조되는 인도 자르칸트주 베스나디 고인돌(김용준 제공)

인도네시아 고인돌 가운데에 마련된 거석광장

일본 마가리타 고인돌복원지에서 게이트볼하는 모습

프랑스 로체 고인돌 안의 관람객

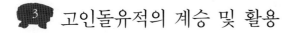

고인돌유적의 계승 및 활용

고인돌유적 활용을 위한 선행사업

　　세계유산으로 등재된 고인돌에 대한 꾸준한 조사 연구로 새로운 모습을 일반인에게 보여주어야 한다. 우선 고인돌의 형태, 유물이나 연대 문제 등 제시할 수 있는 자료들을 계속 확보해 나가야 할 것이다. 그렇다고 모든 고인돌을 발굴할 수는 없고, 훼손이나 원상 복구가 필요한 경우만으로 제한해야 한다. 그리고 발굴하여 복원해 놓은 고인돌은 그 신비감이 반감되고 인위적인 면이 부각될 수 있기 때문에 고인돌의 조사도 현 상태에서 덮개돌은 그대로 두고 주위만 조사해야 한다. 세계유산을 정비 복원하기에 앞서 학술조사는 필수이며, 학술기관과 연계하여 지속적으로 추진해야 한다. 그래야 생명력 있는 유적지, 세계가 인정하는 진정성있는 문화유적지로 평가받을 수 있기 때문이다. 잘 알려진 영국 스톤헨지나 일본 요시노가리 유적

1975년 고인돌 발굴 모습
(나주 대초댐)

1988년 고인돌 조사 모습(여수 봉계동)

고증에 의해 복원된 일본 요시노가리 유적

지는 수십 년간 학술조사를 계속하고 있으며, 학술적으로 고증된 자료를 바탕으로 서두르지 않고 복원 사업을 하나씩 펼치는 중이다.

고인돌유적의 연구는 주기적인 학술회의를 통해 그 의미와 중요성을 점검하고 알릴 필요가 있다. 발굴 성과 뿐 아니라 학문 업적을 토대로 새로운 의미 부여를 할 수 있기 때문이다. 그 학술적인 연구 성과를 바탕으로 행정과 학계, 일반 국민이 함께하는 유적지로 가꾸어 나가야 한다.

알려진 바와 같이 고인돌은 거의 대부분 무덤이다. 하지만 거대한 고인돌의 경우 무덤 보다는 제단이나 묘표석도 있다. 그래서 청동기시대의 신비스럽고, 성역화된 신성한 공간으로 만들어 나가야 세계인이 찾는 고인돌유적지가 될 수 있다. 고인돌유적은 현재 상태에서 원형을 보존하면서 정비하고 당시의 환경 경관을 복원해야 한다. 오늘날에는 유적 자체는 물론이고, 유적을 둘러싼 환경도 매우 중요하기 때문에 주변 경관을 훼손하는 일은 자제해야 한다. 시설물 설치도 신중하게 하여 고인돌유적과 경관이 조화를 이룰 때만이 세계적인 유적지가 될 수 있다. 고인돌유적 경관 조성 사업은 고고학자를 비롯하여 역사학, 식물학, 조경학, 미학, 경관학, 토목학 등 종합적인 학문이 참여하는 자문위원회를 구성하여 추진되어야 할 것이다.

발굴된 고인돌 무덤방을
관람하는 모습(화순 대신리)

또한 그냥 바윗돌처럼 보이는 고인돌에 생명력을 불어넣어 주어야 한다. 우리 선조들이 고인돌을 어떻게 보았고, 그들의 삶 속에서 어떤 위치에 있었는지를 알아야 한다. 다시 말해 고인돌에 얽힌 이야기를 재구성하여 스토리텔링 소재로 삼아 과거의 고인돌과 현재의 고인돌 전설 등을 이야기함으로서 단조롭고 재미없다는 생각을 갖지 않도록 해야 하는 것이다. 우리 주변에서 고인돌에 얽힌 이야기를 쉽고 재미있는 설화를 중심으로 풀어내고, 고인돌에 대한 새로운 이야기를 확대 재생산해야 한다. 예를 들어 고인돌의 축조 과정 중 불가사의에 가까운 거대한 바윗돌 채석과 운반이라는 부분을 우리 선조들은 힘센 장수나 거대한 몸집을 가진 마고할머니를 등장시켜 아주 간단히 해결하였다. 장수와 여신을 통해 고인돌 축조 방법을 설명한 우리 선조의 지혜는 매우 흥미롭고 일반인의 관심을 유도하기에 충분하다.

고인돌 크기를 알아보는 체험

고인돌 덮개돌을 살펴보는 어린이들

관광자원으로 활용

　관광자원으로 활용하기 위해서는 먼저 국내외적으로 우리나라에 고인돌이 가장 밀집 분포한다는 점을 홍보하는 것이 가장 중요하다. 그 다음으로는 고인돌에 대한 정비 복원 사업과 아울러 고인돌 답사 루트 개발이 뒷받침되어야 한다. 이를 바탕으로 언론기관을 통한 적극적인 홍보와 관광·문화 안내요원의 양성과 배치가 뒷받침되어야 한다.

　우리나라 고인돌은 세계적으로 가장 조밀한 분포권을 형성하고 있다는 사실이 알려져 있지만 일반 국민들은 이를 인식하지 못하고 있다. 동북아시아 지역은 유럽의 대서양 서안 지역과 함께 양대 거석문화 밀집지를 형성하고 있다. 이를 부각시킬 필요가 있다. 세계 거석문화 분포에서 우리나라에 고인돌이 가장 밀집되어 있다는 사실을 홍보하고, 화순과 고창, 강화 고인돌 등은 세계유산으로 등재될 정도로 세계적인 문화유산임을 알리고 교육해야 한다. 다른 나라 거석문화와 다른 형태의 고인돌의 존재와 분포로 세계적인 거석문화의 고장임을 부각시켜 국민들의 관심을 유발하는 한편으로 대표적인 고인돌을 지정하여 보호 관리 차원에서 정비하는 등 우리나라 곳곳에 고인돌이 분포하고 있다는 것을 보여줄 필요가 있다. 관광지도에 고인돌의 위치 표시와 함께 국도나 지방도 등 안내판에 고인돌 위치를 표시하거나 고인돌 진입로에 탐방안내판을 길가에 배치하는 것도 바람직하다.

우리나라의 유일한
고창 고인돌 박물관

순천 고인돌 공원에
복원된 고인돌 모습

무엇보다 대표적인 고인돌을 문화재로 지정하여 보존하고, 주변을 정비하여 일반인들이 쉽게 알아보고 접근할 수 있게 조성할 필요가 있다. 대표적인 고인돌은 규모가 거대한 기반식이나 탁자식 고인돌 등 특징적인 고인돌과 비교적 원형이 보존되고 군집 상태가 양호한 고인돌을 지정하는 것이 좋다. 고인돌이 문화재로 지정되면 각 지역마다 홍보 자료로 활용할 수 있을 것이고, 관광 안내서에 고인돌이 분포하고 있음을 표시할 수도 있다. 유적 주변의 정비는 자연적인 상태에서 쉬어갈 수 있도록 쉼터를 마련하는 것이 필요하며, 고인돌 보호 차원에서 철책을 두른다거나 하는 것은 곤란하다. 그것은 우리 선조들에 의해 남겨진 문화유산을 격리시키는 일일 뿐 아니라, 고인돌과 사람들 사이의 일체감이나 친밀감을 저해하는 요인이기 때문이다.

고인돌을 주제로 한 문화 관광 코스의 설정도 고려해 볼 수 있다. 먼저 고인돌 탐방 루트를 개발해야 한다. 이를 위해 도로변 고인돌의 정비와 안내판 설치로 '고인돌길'임을 알리는 방안이 있을 수 있다. 그러려면 사람들이 머물다 갈 수 있도록 조성된 소공원이 많이 만들어져야 하고, 이러한 길은 오래된 옛길이기 때문에 새로 난 길에 고인돌 관련 안내판을 세워 관광객의 관심을 유도하는 것도 필요하다.

권역별 또는 주제별의 문화 관광 코스를 설정할 수도 있고, 연령에 따라, 학력의 정도에 따라, 국내나 해외사람들을 위한 코스 등 다양하게 개발할 필요가 있다. 예를 들어 화순 고인돌유적지는 독특한 불교문화재가 산재한 운주사와 통일신라시대 최대의 조각을 보여준 쌍봉사 불교유적, 조선 전기의 개혁적인 인물인 조광조 유적지 등과 연계된 문화 관광권 개발도 필요하다. 고창 고인돌유적지의 경우 인근의 선운사 등 문화유산과 더불어 해수탕, 석정온천 등 일반인의 휴식처, 곰소 젓갈과 풍천 장어 등 먹거리와 연계시키는 방안도 있다. 강화 고인돌의 경우는 비교적 잘 알려진 문화유산과 근대의 역사유적과 연계하여 많은 관람객을 유도하는 방안이 있다.

일선 기관에서 문화 행정을 담당하는 직원은 수시로 바뀔 수 있는 여지가 있다. 이런 점 때문에 문화유산의 체계적인 관리와 연계될 수 있도록 전문 인력을 고정 배치하여야 할 것이다. 이와 함께 행정기관에서 실질적으로 탐방객 안내와 유적 설명을 담당할 문화유산 해설사를 양성해야 할 것이다. 이들이 각 지역의 문화유산, 관광지 정보, 관련 역사 등을 교육받고 관광객을 안내하는 것이 바람직하다. 또한 지속적인 교육을 통해 새로운 정보를 계속 습득케 하면 문화유산을 알리는 데 큰 역할을 담당할 수 있을 것이다.

교육자료 자원으로 활용

교육자료 자원의 활용은 박물관이나 전시관에서의 유적과 함께 관련 유물에 대한 기초적인 지식을 습득할 수 있는 장소로 활용되어야 한다. 이에는 학술적 조사와 연구에 기초한 유적의 이미지 창출로 소극적 관람에서 적극적인 현장 참여를 유도할 수 있도록 연계되어야 한다. 이 때 전문가의 자문에 의한 유적의 이미지를 훼손하지 않는 범위 내에서 추진되어야 한다.

학술조사와 연구를 통한 새로운 정보가 지속적으로 제공되어야

가족들이 함께 고인돌 운반
체험을 하는 모습

한다. 고인돌에 대한 새로운 가치 창조와 이미지 창출을 위해 학술성
과를 통한 수집된 자료와 자원을 최대한 반영하여야 한다. 이에는 고
인돌 뿐 아니라 관련된 유적, 다시 말해 삶터인 마을을 비롯해 논과 밭
등의 경작지, 제사와 신앙 관련 유적지 등 총체적인 연구 속에서 고인
돌의 진정한 의미를 창출할 수 있는 것이다. 또 우리 선조들에 의해 구
전되어 온 설화나 신앙 등 국문학적 연구 성과, 고인돌 축조에 필요한
덮개돌의 채석이나 운반과 같은 암석학과 토목건축학적 성과 등 다양
한 학문들의 성과를 종합적으로 재구성된다면 더욱 의미를 부여할 수
있을 것이다.

　　세계의 거석문화 정보를 제공하는 연구센터와 학회 설립도 필
요하다. 세계유산으로 등재된 고창에는 '고인돌 박물관'이 설립되었
고, 앞으로 화순 지역에 '고인돌 교육 연구센터'가 계획되어 있다. 이

화순 선사체험장 전경

연구센터는 지리정보체계(GIS)를 이용하여 우리나라 고인돌 이외에 동북아시아, 유럽 등 세계의 고인돌에 대한 고고학적 연구 성과물을 수집하고, 이를 특수 데이터베이스로 개발함으로써 향후 유적지의 보존과 개발의 중심센터로 활용되어져야 한다. 그리고 세계 각국의 고인돌 또는 거석에 관련된 박물관과의 연결이 가능하도록 하고, 전 세계의 거석 연구자와 일반인들이 접속할 수 있도록 관련 프로그램을 만들어 세계적 고인돌 연구의 중심으로 키워나가야 한다. 세계의 유일한 거석문화 연구기관의 설립과 운영은 세계 거석문화의 중심지임을 알리는 계기가 될 수 있기 때문이다.

이와 함께 연구센터는 세계 거석문화 학회(가칭)를 결성하여 그 조직을 운영하는 방안도 고려해 볼 만하다. 국제적인 학술회의를 통한 고인돌의 우수성을 알리는 계기가 될 수 있고, 세계 여러 나라의 학자들이 우리나라 고인돌을 각국에서 홍보 교육하여 국제적으로 거석문화의 중심지라는 인식이 확산되는 기회가 될 것이다.

그밖에도 일반인이 참여하는 이벤트를 적극적으로 기획해야 한다. 각 시군마다 다양한 축제를 주최하고 있는데, 관과 주민이 다 함께 참여하는 것이 바람직하다. 특히 박물관 같은 기관에서는 관람객을 위한 참여 학습 기회를 늘려야 한다. 다시 말해 국민과 함께하는 문화체험 같은 것이다. 각 축제 속에서 참여 학습을 할 수 있는 체험관광 상품의 개발이 필요하다. 요즘 생태관광, 문화유적 답사, 향토음식 관광 등 다양한 주제를 가진 관광객들의 현장 체험학습 욕구가 많다. 남녀노소의 취향에 맞는 이벤트를 개발하여 그들의 적극적인 참여를 유도해야 한다.

어린이들의 활쏘기 체험
(화순 선사체험장)

어린이들 스스로 덮개돌을
끌어보는 체험
(화순 선사체험장)

    체험학습장의 정기화 및 정례화도 필요하다. 우리나라에는 선
사시대의 생활상을 복원한 곳이 없고, 단지 일부만 복원해 놓고 있
다. 이제까지 얻어진 학술 자료를 토대로 당시의 마을과 생활상을 복
원하여 일반인이 체험할 수 있는 공간을 마련한 것도 좋을 것이다.
화순 고인돌유적지에서 실시하고 있는 고인돌의 선사시대 체험은
우리나라 대표적인 체험학습장으로 자리 잡고 있다. 이 체험학습장
은 동북아지석묘연구소에서 2005년부터 매월 넷째 주 토요일 일반
인과 가족 단위의 신청자를 대상으로 고인돌 노래 부르기와 답사를
통해 고인돌을 알리는 일부터 시작하여, 고인돌과 움집 만들기, 선
사시대 도구 만들기와 실험, 당시 농경, 수렵, 어로 체험 등 선사시대
사람의 생활을 체험할 수 있도록 준비되어 있다. 선사체험의 내용은
모두 고고학적 근거를 통해 재현하고 있으며 그 한 예로 고인돌 끌
기에 대한 고고학적 자료와 현재도 사용하고 있는 거석 운반도구를
통해 고증을 거쳐 복원하였다. 이는 고인돌 끌기 체험을 통해 당시의
모습을 생생하게 느낄 수 있도록 준비한 것이다.

제5장

고인돌 연구서에 대하여

1 한국 청동기 문화의 연구

— 임병태 지음, 학연문화사, 1996년

청동기시대 연구 기틀 마련

임병태林炳泰 선생님께서 타계하신 일 년 후에 평생 몸담았던 숭실대학교 동료, 후배, 제자들이 고인의 글을 모은 유저遺著로, 논문과 학술대회 발표문, 논평 등을 묶은 것이다.

임병태 선생님은 학계에 널리 알려진 것처럼 조용하신 성격에 진지하고 신중한 학문적인 자세로 후학들의 귀감이 되신 분이다. 특히 고고학을 연구하는 나에게는 항상 사랑과 신뢰를 바탕으로 격려해 주시고 용기를 불어넣어 주신 분이기도 하다. 이런 선생님의 옥저를 감히 서평한다는 것 자체가 두렵고, 선생님께 누를 끼치는 듯 한 심정이다. 하지만 대학 시절 스승이신 김두진 교수님의 간곡한 부탁을 저버릴 수 없었고, 한편으로는 지금의 나를 있게 한 분이기에 죄

송스런 심정으로 조심스럽게 논해보고자 한다. 고인돌(지석묘)을 공부하고 있는 나로서는 선생님의 학문에 힘 얻은 바가 크다고 아니할 수 없다. 선생님께서 한국 지석묘를 체계적으로 정리한 논문이 나의 학문적 연원이었기 때문이다.

임병태 선생님께서 한국 고고학 연구에 끼친 영향은 지대하다 할 것이다. 알다시피 선생님께서는 논문을 많이 발표한 것은 아니지만 발표한 논문마다 한국 고고학의 흐름과 방향을 제시한 것들이어서, 그 신중한 학문 연구 태도가 후학들에게 많은 것을 시사해준다. 고고학 연구에서도 특히 청동기시대와 관련된 글이 주를 이루고 있는데, 여기서 초창기 불모지였던 한국 청동기 문화 연구의 토대를 마련하고 평생 동안 이를 정립하려 했던 선생님의 의도를 읽을 수 있다. 그리고 문헌 사료의 해석과 분석에 있어서도 뛰어난 분이셨는데, 이는 고고학을 역사 속에서 이해하려는 깊은 학문적인 뜻이었다.

이러한 학문적인 업적은 고고학과 고대사 연구에 적잖은 영향을 끼쳤다. 선생님의 연구는 1980년대 중반 이후 활발하게 발표했던 글이 대표적이지만, 1990년대까지의 연구를 바탕으로 한국 청동기 문화 연구의 문제점을 제시하고 또 새로운 시각의 해석 방법을 응용하시기도 하였다. 하지만 선생님의 원대한 학문의 업적을 종합하지 못한 것은 매우 안타까운 일이 아닐 수 없다. 그 뜻을 후학들이 감히 이루어낼지 모르겠다는 마음으로 『한국 청동기 문화의 연구』를 소개하고자 한다.

연구의 주요 내용들

『한국 청동기 문화의 연구』는 크게 4개의 장으로 나뉘어져 있다. 1장은 청동기 문화 연구의 성과와 경향을, 2장은 지석묘 관련 논문 2편, 3장은 무문토기 관련 논문 2편, 4장은 청동기 관련 논문 2편 등 청동기 문화와 관련되는 총 7편의 논문으로 구성되어 있다. 그리고 부편附篇으로 9편의 글을 실었는데, 학사적인 보고문, 고대사 발표문과 토론 요지문 등 단편의 글들이다.

1장의 「한국 청동기 문화 연구의 오늘과 내일」이란 글은, 청동기시대와 관련된 조사와 연구 과정, 연구 성과를 살피고 그 문제점을 제시한 글이다. 청동기시대 설정 경위와 문제점에서는, 해방 이전 일본 학자들이 사용한 금석병용시대金石倂用時代에서 청동기시대 설정 과정에 대해 남·북한의 발굴 자료와 연구 성과를 언급하고, 청동기 문화의 시작을 북방의 청동기 문화의 영향과 자체 제작 사용 시기를 고려하여 기원전 1000년대 초로 보는 견해를 밝혔다. 그리고 주거지와 분묘유적의 조사와 연구, 토기와 석기 연구 등을 연구사적으로 정리하여 청동기시대의 연구 현황과 그 성과, 방향, 문제점을 살폈다. 마지막으로 한국 청동기 문화 연구에 있어 두 가지 점을 제안하고 있다. 첫째는 한국 청동기 문화 연구에서 우리 민족의 활동 무대인 만주 지방의 문화를 취급할 것인가에 대한 것이다. 비파형동검과 선형동부(부채꼴청동도끼)를 표지로 하는 한국 청동기 문화 실체의 중심 지역을 중국 랴오닝성 지역으로 설정하고, 그 문화를 예맥족의 문화, 즉 문헌상의 고조선古朝鮮 문화로 파악하였다. 그래서 한국 청동기 문화는 고조선 문화로 시대명을 바꾸어야 하며, 비파형동검 문화로 서술할 것을 제안하였다. 둘째로 무문토기(민무늬토기)의 명칭과 개념 문제에 대한 것이다. 청동기시대 초기의 무문토기에서 원삼국시대 경질무문토기에 이르기까지 일괄적으로 무문토기라 하고 기형에 따라 각기 다른 명칭과 개념으로 사용되고 있는 문제점을 지적하면서, 그에 대한 대안으로 청동기시대를 비파형동검 문화기로, 세형동검기를 철기시대로 설정하는 점에 착안하여 청동기시대 토기를 무문토기라 하고 철기시대 토기를 흑도黑陶(흑색마연토기)로 할 것을 제안하였다.

이러한 제안은 아직 한국 고고학계에서는 받아들이지 않고 있지만, 우리 청동기 문화의 영역 문제를 떠나 고조선이라는 문헌상의 시대명을 제안한 것은 역사 속에서 고고학 성과를 대비하고자 하는 명칭이다. 또한 각 시대별의 특징적인 문화를 대표하는 토기명을 제시한 것은 고고학계에서 긍정적으로 검토해보아야 할 사항이라 하겠다.

2장은 『한국 지석묘의 형식 및 연대 문제』와 『후기 지석묘 사회의 성격』 등 지석묘에 대한 것이다. 두 논문은 1964년과 1995년에 각각 발표됐다. 이 두 논문은 30여 년의 시간을 두고 발표한 것으로, 학문적 의의가 대단하다. 먼저 『한국 지석묘의 형식 및 연대 문제』는 이전까지 지석묘의 외형적인 형태, 연대, 전설, 기원 등에 대하여 추상적으로 논의하던 데서 탈피하여 지석묘의 명칭 및 개념 문제, 발굴 자료를 토대로 한 구조적인 형식과 연대 문제에 접근했다는 점에서, 당시 획기적인 논문으로 평가받았다. 특히 지석묘의 형식 분류는 탁자식卓子式, 기반식碁盤式, 무지석식無支石式을 구분하고 석실의 위치와 석실 수에 따라 세분하여 이후 지석묘 형식 분류의 근간을 마련하였다. 탁자식과 기반식이란 용어는 교과서에 실리기도 하였다. 또한 지석묘의 연대 문제는 당시까지 금석병용기의 묘제라는 막연한 연대였던 것을 발굴된 김해·웅천 패총을 검토하여 지석묘의 상한이 기원전 3세기보다 수 세기 소급될 가능성을 제시하였다. 지석묘가 철기시대까지 존재하였을 증거가 없으며 삼국시대 고총분묘와의 관련성을 부정하여 각각 분리된 시기의 묘제임을 밝혀냈고, 기원후 4세기에서 기원후 1세기까지 그 하한이 소급될 수 있다는 연대관을 제시하였다. 그 후 선생님은 이 연대를 기원전 2세기로 수정하기도 하였다. 이처럼 이 논문은 한국 지석묘 연구에 있어 하나의 좌표를 설정한 글이라 하겠다.

1960년대 임병태 교수가
소개한 영암 독천 고인돌

『후기 지석묘사회의 성격』에서는 지석묘의 편년 문제, 성격, 사회상을 검토한 글이다. 이 글에서 지석묘의 상한을 기원전 2000년 후반으로, 하한을 기원전 2세기로 편년하고, 지석묘의 초기 형식은 탁자식으로 보았다. 이 견해는 앞의 글을 보완해 수정한 것이다. 지석묘에 매장된 주인공 문제에 있어 부족장部族長 묘라는 의견에 의문을 제시하고, 출토유물과 인골에 박힌 고고학적 자료를 근거로 전투적인 임무를 수행하다 전사한 부족원의 공훈묘功勳墓로 보았다. 이 사회는 농경이 발달한 사회로 각 부족들 간의 농경지 확보를 위한 전투가 끊임없이 일어나게 되었고, 이런 과정에서 지역 단위로 점차 연맹체를 형성하게 되면서 결국 지역 단위의 소국가들이 출현하였다고 본 것이다. 이처럼 이 논문에서는 부족장 또는 족장族長의 무덤으로 보아오던 지석묘 피장자 신분을 구체적인 고고학 자료에 입각해 논증한 점에서 앞으로 지석묘 연구의 시각과 방향을 제시한 것이 매우 주목된다 하겠다.

3장은 「한강유역 무문토기의 연대」와 「한국 무문토기의 연구」 등 청동기시대 무문토기에 관한 글이다. 이 두 글도 근 20여 년 사이를 두고 발표한 것이다. 「한강유역 무문토기의 연대」는 서울 등 한강유역에서 발견된 무문토기 유적을 분석하여 상대 편년을 시도했다. 초기의 무문토기로 가락식토기와 역삼동토기로 구분하였는데, 가락식토기는 구연부에 이중 띠를 하고 사선으로 문양화한 것으로 전형적인 팽이형토기와 근사한 것이며, 역삼동토기는 구연부에 한 줄로 구멍을 뚫어서 의식적인 유공문양을 만든 것으로 일부 미송리토기에 가까운 것으로 나누었다. 그리고 흑도가 출토되는 아차산유적을 소개하면서 굽다리접시, 점토대토기, 조합식우각형파수 등이 공반되는 유적을 흑도유적으로 부를 것을 제안하고, 앞의 가락리와 역삼동 등 조질무문토기보다 나중에 나타난 것으로 보았다. 한강유역의 무문토기 유적 중 가락리 주거지를 가장 오랜 유적으로 편년하고 그 다음 역삼동·옥석리·교하리 주거지를 들고 있는데, 두 유적 간에는 시간적인 차이는 크지 않다고 하였다. 그리고 기술상 상당한 발달을 보인 흑도유적을 무문토기에 포함시켜 무문토기 문화기를 전기와 후기로 구분할 것을 제안하였다. 이를 방사성탄소연대에 근거하여 조질무문토기 단계인 가락리와 역삼동군 토기를 기원전 6세기로, 흑도토기가 출토되는 아차산과 수석리 흑도유적을 기원전 4세기로 편년하자는 안을 내놓았다. 이 논문은 우리나라에서 처음으로 무문토기 편년안을 제시한 점에서 새로운 연구가 활성화되는 계기가 되었다. 이후 발표된 무문토기 연구 논문들은 이를 근간으로 하여 수정된 편년안과 세분된 시기 구분을 시도하고 있는 실정이다.

「한국 무문토기의 연구」는 무문토기의 발생, 형성과 발전, 편년을 살핀 글이다. 무문토기의 발생에서 만주 지방과 서북 지방의 무문토기를, 무문토기의 형성과 발전에서 팽이형토기, 화분형토기, 미송리형토기와 공열문토기, 점토대토기와 흑도 등 우리나라 무문토기의 전반에 대해 검토하였다. 그 결과 한국의 무문토기를 발생기, 전기, 중기, 후기 등 네 시기로 구분하였다. 한국 무문토기의 형성은 요하유역의 신석기시대 토기에 앙소토기와 용산토기의 기법이 가미된 새로운 토기로 보고, 황하유역의 농경문화를 받아들이면서 발생, 형성된 새로운 토기문화로 파악하였다. 전기 토기 형식은 팽이형과 화분형토기가 표지유물이며, 중기 토기는 랴오허유역에서 일어나는 청동단검 문화의 충격으로 미송리토기가 생성되고 이차적인 농경문화의 파급으로 팽이형과 화분형토기의 결합으로 공열문토기가 형성되어 남부 지방으로 확산된 것으로 보았다. 후기 토기는 공열문토기가 소멸되고 점토대토기, 흑도장경호, 우각형파수부 토기로 상정하고 세형동검 등 청동기가 반출되며 때로 철기가 공반되는 시기로 파악하였다. 이와 같은 무문토기의 편년안은 연대를 제시하지 않았지만 한국 무문토기의 형성 발전을 체계적으로 정리하였다는 데서 그 의의가 크다 하겠다.

4장은 「고고학상으로 본 예맥」과 「영암출토 청동기용범에 대하여」 등 청동기에 관한 글이다. 「고고학상으로 본 예맥」은 문헌에 나타난 예맥濊貊과 조선, 단군신화와 청동기 문화, 예맥과 청동기 문화를 살핀 글이다. 이 글은 문헌상의 기록을 철저한 분석을 통해 검토하고 이를 고고학적인 자료를 토대로 새로운 해석을 시도한 것이다. 맥貊과 조선朝鮮이 연燕의 동방에 인접해 있었다는 문헌 기록에서 그 영역을 랴오닝성 일대로 비정하였다. 그리고 단군신화는 천왕天王 시대와 왕검王儉 시대가 복합된 기록으로 보고, 천왕 시대를 전설 시대로, 왕검 시대를 조선이란 국호와 도읍지를 가진 부족연맹 시대로 분리하였다. 천왕은 제사장과 통치자의 역할을 겸한 농경사회의 군장으로, 이를 고고학적인 자료인 동검, 동경, 곡옥 등 문화 내용을 세형동검 문화에서 찾을 수 있으며, 의기류 등 청동기가 반출된 무덤의 주인공은 제정일치 사회의 군장임을 밝혔다. 문헌의 예濊(또는 추追)와 맥貊은 족명族名이고, 조선朝鮮은 국명國名으로 보고, 조선국은 요서 지방의 대능하유역 비파형동검 문화 분포 지역으로 상정하고 그 중심지를 지금의 조양현으로 보았다. 전국시대 연의 공격을 받아 조선은 와해 되고, 각 지역에 부여, 진번, 진국 등 소연맹체들이 형성되었던 것으 로 보았다. 그리고 이는 다시 진한시대에 와서 중국인의 이동과 철기 문화의 보급으로 위만조선이 조선연맹체를 장악하고 그 지배 영역 을 확장하였다고 하였다. 조선의 도읍지를 왕검조선王儉朝鮮의 요서遼 西 조양朝陽에서 부否, 준準의 조선朝鮮의 요동遼東으로, 다시 위만조선衛 滿朝鮮의 평양平壤으로 변천을 상정하였다. 그리고 우리 민족은 예맥족 濊貊族이며, 한韓은 족명이 아니라 지역명으로 그 문화는 예맥문화 속 에서 찾아야 한다고 하였다. 이 글은 소략한 문헌상의 기록을 고고학 적인 자료에 입각해서 해석한 것으로 지금까지의 견해와는 상당히 다른 것을 주장하고 있다. 고고학 자료를 토대로 고대사를 보려고 하 는 시각은 새로운 접근 방법을 제시해준 것이라 하겠다.

「영암출토 청동기용범에 대하여」는 1960년경 숭실대학교 박물 관에서 구입한 용범(거푸집, 주물틀, 주범)을 소개한 글이다. 이 용범 은 전남 영암군 학산면 독천리에서 출토된 것으로 전한 것인데, 완 형이 6쌍 12점이고 한쪽 면만 있는 것과 파편 등 총 14점이다. 용범 의 구조는 세형동검, 동과, 동모, 동부, 동착, 동사, 낚시, 침 등 15종 의 청동기를 주조하였던 틀이며, 낚시와 침 등은 새로운 청동기 형태 를 알려주었다. 이 용범은 청동경을 제외한 우리나라 세형동검 문화 에 속한 청동기를 보여주는 매우 중요한 자료이다. 그리고 이에 대한 출토지가 영암 독천리와 동구림리설이 있지만 아직 그 정확한 출토 지와 유구가 밝혀지지 못한 점은 아쉽다.

영암 출토로 알려진 거푸집

다음으로 9편의 글을 부록으로 실었다. 이 글은 논문, 학술발표문, 토론 요지, 단문 등이다. 크게 나누면 조사보고문으로 역삼동과 암사동 유적을, 청동기 문화에 대한 것으로 요령 지방과 한강유역 청동기 문화를, 철기 문화로 철기 문화의 개괄과 대동강유역의 토광묘사회를, 주변의 선사문화 관계로 일본의 미생문화와 중국 선사문화를 비교한 글, 그리고 문헌사로 신라 소경고가 있다. 이를 간단히 소개하기로 하겠다.

「역삼동 주거지 발굴보고」는 1966년 조사한 청동기시대 장방형 주거지로 구순각목토기와 공열문토기를 내는 유적이다. 이 유적의 출토유물을 소개하고, 주거지의 성격을 생활상의 복원과 연대를 살핀 글이다. 청동기시대 주거지로 기원전 7세기~기원전 4세기에 속한 것으로 보았다.

「부족이동과 철기 문화의 보급」은 『한국사 2』(국사편찬위원회, 1977)에 수록된 삼한에 대한 글이다. 이 글은 철기의 전래, 부족의 이동, 삼한의 사회상에 대해 고고학적 자료와 문헌을 통해 살핀 삼한의 문화를 개괄하고 있다.

「신라소경고」는 문헌을 통해 소경의 설치 배경과 행정조직 등을 살핀 글이다. 소경의 설치는 무력으로 정복 지역의 지배와 무력으로 완전히 정복하지 못한 지역의 회유로 설치하였음을 밝히고, 수도의 분신으로서의 기능을 발휘할 수 없는 소경 내에서만 권한이 미치는 특수 행정구역으로 수도를 모방한 소도시였다고 하였다.

「암사리 즐문토기 유적 출토 이형석기」는 석기 6점과 즐문토기(빗살무늬토기)를 소개한 글인데, 석기의 용도를 토기의 표면을 정면하거나 매끄럽게 문지르는 데 사용되었을 가능성을 제시하였다.

「요령지방의 청동기 문화에 대하여」는 하가점 상층문화를 검토한 후 동검과 현수용 의기와 인골을 통해 요동과 요서의 청동기 문화를 구분한 글이다. 요동 지방과는 신앙의식의 공통점과 두개골의 형태가 유사한 데서 한반도의 청동기 문화와 동일 계통으로 보았으며, 요동과 친자親子 관계를 가진 요서 지방 청동기 문화가 동호족東胡族일 수 없음을 밝혔다.

「한강유역의 청동기 문화」는 한강유역에서 발견된 주거유적, 지석묘와 석관묘, 무문토기, 청동기, 석기 그리고 무문토기인의 생활을 살핀 글이다. 한강유역의 무문토기인은 서북 지방과 동북 지방의 무문토기가 남하하여 지역적 특성을 지닌 무문토기 문화로 발전하였고, 이어 남한 전 지역으로 확산되었으며, 특히 공열문토기인들은 영남 지방과 제주도에까지 이르렀다고 보았다. 이 과정에서 청동기가 전래되고 농경도 활발하여 인구가 급속히 늘어나게 되었다고 하였다.

중국 랴오닝성 워룽취안(臥龍泉)
무덤 출토 비파형동검

「대동강유역의 토광묘 사회」는 대동강유역에서 발견된 토광묘를 분석하고 문헌 자료를 검토한 글이다. 토광묘는 기원전 7세기경부터 석묘石墓와 함께 쓰이다가 세형동검기에 요동과 서북 지방의 주묘제로 사용되었으며, 이 토광묘 사회는 기원전 3세기부터 철기를 수용하여 생활도구와 농기구를 철제화하고, 이 철기 수용과 보급과정에서 사회적, 정치적으로 변화를 일으켜 준왕과 위만왕의 지배권 교체가 이루어진 것으로 보았다. 위만조선이 멸망 후 약 1세기 동안은 전통문화와 사회조직이 대동강유역에서 지속되었다고 하였다.

「일본 미생토기 문화 속의 한국적 요소」는 토기 제작기법, 시루와 고배(굽다리접시) 등 특수토기, 옹관묘와 지석묘 등의 묘제를 검토하여 한·일 간의 관계를 살핀 글이다. 일본의 야요이(미생彌生) 문화는 한반도에서 새로이 형성된 무문토기문화의 이주민에 의해 형성되었으며, 중기에 와서 중국의 문화의 영향이 나타난 것으로 보았다. 즉 야요이 문화 속의 한국적 요소는 초기에 있어서 이주민에 의한 전파, 모방단계에서 중기 이후 차츰 변형 발전되는 형태로 약간씩 달라졌다고 하였다.

「한·중 선사 문화의 교류」는 즐문토기와 무문토기, 한국의 청동기 문화, 도작의 전파 루트, 지석묘에 나타난 중국 선사 문화의 관련성을 살핀 글이다. 한국의 신석기 후기에 화베이 지방의 도작농경을 배경으로 한 룽산 문화 토기의 영향을 받았으며, 초기 무문토기도 흑도의 제작 기술을 모방한 것으로 보았다. 한국의 청동기 문화는 북방계 청동기 문화의 전래로 형성되었으며, 중국 청동기 문화는 철기와 다양한 농경도구와 함께 이차적인 청동기 문화의 전래로 파악하였다. 도작의 전래 루트는 중국 산둥반도와 양쯔강유역을 통한 두 갈래로, 앞으로의 조사를 기대하며, 지석묘에 있어서도 중국 저장성의 발견 예를 제시하면서 비교 연구를 기대하고 있다.

청동기 문화 연구의 체계와 방향 제시

임병태 선생님은 한국 고고학의 연구에 있어서 매우 큰 업적을 이루었다. 특히 청동기시대에 관한 글은 오늘에 와서도 큰 틀을 이루고 있다. 이의 업적들을 간략히 살펴보면 다음과 같다.

첫째, 지석묘에 관한 글이다. 앞서 살펴본 것과 같이 두 편이 있지만 「한국 지석묘의 형식 및 편년 문제」는 당시까지 북방식, 남방식으로 통용되던 지석묘 형식 개념을 형태상에서 탁자식과 기반식으로 구분하고, 발굴된 자료를 분석하여 세분된 형식을 제시하였다. 이는 독자적인 형식 분류 체계를 제시한 것으로, 분류상의 차이는 있을지라도 오늘날까지 지석묘 형식 분류의 틀을 이루고 있다. 그리고 연대 문제도 막연하게 금석병용기라는 시대를 발굴 자료를 분석 검토하여 수 세기를 상회하는 연대관과 고총고분기의 수혈식 석실과는 분리된 시기로 파악한 것은 기존의 정설을 바꾸어 놓았다. 이와 같은 견해는 한국 청동기시대를 설정하는 데 있어 지대한 학술적인 근거를 제시하였다.

이러한 초기 업적 이후 근 30여 년 만에 발표한 「후기 지석묘사회의 성격」은 기존의 부족장 또는 족장과 그 가족의 무덤이라는 통설에 이의를 제기하였다. 즉 지석묘의 분포나 많은 발굴 자료에서 나온 유물을 분석하여 청동기 후기사회는 농경지 확보를 위한 치열한 전투가 전개되면서 전사자의 공헌묘로 지석묘를 축조하였다고 주장하였다. 아직 학계에서 받아들이지 않고 있지만 고고학 자료를 분석하여 새로운 연구 해석 방법을 제시한 점은 지석묘 연구의 수준을 한 단계 높여준 것이라 하겠다. 이처럼 임병태 선생님의 지석묘 연구는 한국 지석묘 연구의 기틀을 마련하였고, 앞으로의 연구 방향을 제시하였다는 점에서 높이 평가될 수 있을 것이다.

둘째, 무문토기에 관한 글이다. 무문토기에 관한 글은 한국 청동기 문화는 농경문화이고, 중국의 흑도문화와 관련된다는 기본적인 입장에서 보고 있다. 한국 무문토기를 조질무문토기와 흑도로 크게 구분하고 기원전 6세기와 기원전 4세기의 연대로 보아 한국 무문토기의 편년안을 처음 제시한 것이다. 이 편년안은 그 후 세분된 편년안의 기준이 되었다. 이후「한국 무문토기의 연구」에서 무문토기의 형성 과정을 네 단계로 나누고, 각 시기마다 외부의 문화적인 요소가 있음을 밝혔다. 이는 무문토기 연구 뿐 아니라 한국 고고학 연구에 있어 연구의 태도나 방법 등 하나의 좌표를 제시하였다고 하겠다.

셋째, 청동기에 관한 글이다. 한국 청동기 문화를 고고학적인 자료만 가지고 해석하는 학계의 경향을 문헌 기록을 포함한 접근은 고대사와 고고학을 접목시키는 작업으로 평가될 수 있다. 특히 문헌 상의 예맥족은 청동단검의 주인공이며, 조선 국명을 가진 집단으로 파악한 점이다. 이는 고고학적인 자료의 해석으로 미해결로 남아 있는 고대사의 문헌 기록을 실증해 줄 수 있다는 연구 방향을 제시한 것으로 평가된다.

위에서 본 임병태 선생님의 학문적인 업적은 사료 선택과 취급에 있어 치밀한 처리 능력을 보여주는 것으로 고고학을 역사 속에서 이해하려고 하는 깊은 의도가 있었다고 하겠다.

아쉬움을 남기며

앞에서 살펴본 『한국 청동기 문화의 연구』는 임병태 선생님의 유고집으로, 일면 체계적이지 못한 감도 있지만 한국 청동기 문화 연구에 있어 그 문제점과 방향을 제시한 일관된 글을 포함하고 있다. 임병태 선생님이 다작多作은 아니지만 우리나라의 학문 발전에 있어 지대한 공헌을 한 것은 주지의 사실이다. 평생 한국 청동기 문화를 정립하고자 한 것을 발표한 논문에서 읽을 수 있다. 그 뜻은 초창기의 금석병용기라는 애매모호한 시대에서 한국 청동기시대를 설정하고 그 문화를 고고학과 문헌상의 기록을 섭렵하여 밝혀보고자 한 데 있었다고 생각한다. 하지만 평생 동안 연구한 결과물을 만년晩年에 하나씩 발표하시다가 타계한 점은 후학으로서 매우 애석한 일이 아닐 수 없다. 좀 더 많은 연구를 글로 발표하셨다면 하는 아쉬움이 남는다.

2 고조선 지역의 고인돌 연구

— 하문식 지음, 백산자료원, 1999년

중국과 북한 고인돌 연구 현황

중국 랴오닝遼寧성과 북한 지역은 1980년대 이후 한국 고고학 연구에 있어 중요한 지역으로 대두되고 있다. 이전까지는 한국의 청동기시대에 하나의 문화 영역을 이루고 있는 곳인데도 고고학적인 조사 성과나 연구에 대한 정보가 공백 상태로 남아 있었다. 이후 청동기시대 연구에 있어서 반쪽만을 대상으로 한 것에서 총체적으로 살펴볼 수 있는 계기가 마련되었다. 최근 북한과 남한학계에서는 청동기시대의 주요 유적으로 고인돌과 유물로 비파형동검을 들어 랴오닝성, 지린吉林성, 한반도가 하나의 청동기 문화권을 형성하고 있음을 인정하고 있다. 하지만 각 지역에 따라 서로 다른 문화적인 배경을 가지고 있기에 종속 문제나 시기 문제 등에서 여러 견해도 제시되고 있다.

　북한 지역의 고인돌은 1800년대 말과 1900년대 전반에 외국 선
교사나 일본인들의 큰 관심의 대상이기도 하였다. 이때는 구릉에 단
독으로 위치한 탁자식 고인돌이 외관상 웅장하고 거대함의 신비스
러움에서 그 궁금증의 대상이었다. 그래서 당시 전설이나 설화에 나
타난 무덤이라든지, 제단이라든지, 마고할머니의 주거라든지, 외부
침입자의 무덤 등 여러 설들이 제시되기도 하였다. 이처럼 이 고인돌
은 일반사람이 쉽게 건조할 수 없는 규모에서 그 기능이나 축조 방
법에 관심을 가지고 많은 사람에 의해 연구되어 왔다.

　중국의 고인돌은 동북 지방, 즉 랴오닝 지역과 강남 지방, 즉 저
장성 지역에 분포하고 있지만 양 지역 간 고인돌 형식과 출토유물
이 확연히 다르다. 우리나라와 직접적으로 관련되는 것은 랴오닝 지
역이며, 고인돌뿐 아니라 청동기시대 문화에 있어서도 서로 밀접한
관계가 있는 것으로 파악되고 있다. 이 지역의 고인돌에 대한 지식
은 1960년대 초 이후 미카미 쓰구오三上次男의 『만선원시분묘滿鮮原始墳
墓의 연구』에서 그 분포 상황과 성격의 일단을 파악하는 수준에 머물
러 있었다. 그 후 한국에서 청동기시대의 설정과 관련 유적의 발굴
로 주변 지역의 청동기시대 문화에 관심을 가지기 시작하였다. 랴오
닝 지역의 청동기시대 유적과 연구에 대한 국내 학계의 소개는 1961
년 십이대영자十二臺營子 유적이 처음이다. 이때는 북한 자료를 포함한
랴오닝 지역의 문헌은 일본을 통해 간접적으로 입수하여 개인적으
로 보는 상황이어서 일반 학계에서는 알려지지 않았다. 그 후 우리나
라 청동기 문화와 밀접한 정가와자鄭家窪子 유적이 소개되기도 하였지

만 극히 일부에 지나지 않았다. 1980년대 후반부터 중국과 북한 지역의 학술 자료가 국내에 영인되면서 이 지역에 대한 연구도 활성화되기 시작하였다. 특히 랴오닝 지방의 비파형동검 등 청동기 문화와 고인돌이 주된 관심사였다. 이 두 문화는 한국의 청동기시대 문화와 관련되는 것으로 하나의 문화적 배경으로 해석하려는 노력이 계속 있었다. 중국의 고인돌은 많은 사람에 의해 연구되어 왔지만 1994년 쉬위린許玉林의『요동반도 석붕』이라는 저서로 종합되어 있다. 한국에서는 강인구(1987년), 김정희(1988년), 이형구(1987년), 김정배(1996, 1999년), 하문식(1992, 1999년) 등에 의해 글이 발표되어 타 분야에 비해 그 자료와 연구가 축적되어 있다.『고조선 지역의 고인돌 연구』의 저자인 하문식은 1992년부터 중국 동북 지방의 지석묘와 북한 지석묘에 대해 10여 편의 글을 발표하여 이 지역의 고인돌 연구를 여러 각도에서 접근하였다.

북한의 고인돌은 일제강점기 손진태나 한흥수의 글에서 일부가 알려졌지만 매우 피상적인 자료에 불과했다. 이도 간헐적인 자료 입수로 연구의 한계를 보이고 있었지만 1980년대에 자료가 영인되면서 남한 고인돌 연구에 이 지역의 자료와 연구 성과를 포함하여 살펴볼 수 있게 되었다. 우리나라에서는 중국에 비해 북한 고인돌 연구가 미미한 편인데, 1991년 학위논문으로 제출한 유재은의 글이 유일하다. 북한의 고인돌은 발굴 자료와 연구 성과를 종합 검토한 글에서 청동기시대 한 분야로 소개되는 수준에 머물러 있는 실정이다. 북한의 고인돌은 중국 랴오닝 지역과 같은 면도 있지만 이 지역의 특징적인 구조가 존재하고 있어 지역적 특색을 보인다. 특히 최근 들어 북한에서는 고인돌 형식을 침촌형(개석식, 집체묘역, 석관형 석실), 오덕형(탁자식), 묵방형(개석식, 독립묘역, 석곽형 석실)으로 대별하고 세부적인 차이에서 다시 세분하고 있다. 그리고 고인돌과 비파형 동검을 고조선의 특징적인 유적과 유물로 상정하고, 단군조선과 관련하여 기존의 연대에서 1천5백~2천 년 정도 상향하는 연대관을 제시하여 우리와는 상당한 차이를 보인다. 또한 새로운 자료를 계속 소개하면서 청동기시대의 편년관을 대폭 수정하고 있는 추세이다.

중국 요령성과 북한 고인돌 연구의 주요 내용

본서는 1997년에 제출된 숭실대학교 박사학위논문인『동북아세아 고인돌문화 연구』를 부분적으로 수정·보완한 것이다. 저자는 고조선 지역을 중국 랴오닝 지역, 지린 지역, 북한 지역으로 구분하고 그 지역에서 조사된 고인돌을 종합적으로 분석하였다. 본서의 주요 내용을 살펴보면 다음과 같다.

먼저 머리말에서는 고인돌의 세계적인 분포상에서 동북아시아 즉 황해를 중심으로 밀집분포하고 있는 점에서 '환황해 고인돌문화권'의 설정 가능성을 제시하고, 중국과 북한 지역의 고인돌 조사와 연구 성과를 정리하였다. 이는 기존의 발표된 것을 연구사적으로 검토하여 고인돌이 지닌 고고학적인 의미를 밝히고 있다.

그리고 제2장은 유적 개관으로, 고조선 지역을 랴오닝 지역, 지린 지역, 북한 지역으로 편의상 구분하여 고인돌의 위치, 입지, 수량, 형식, 중요 유구, 고인돌의 특징 등을 살피고 있다. 여기에 106곳 339

중국과 북한지역 주요 고인돌
분포도(하문식 교수 제공)

기의 고인돌을 소개하였는데, 랴오닝 지역에서는 58곳 136기의 고인
돌을, 지린 지역은 28곳 110기의 고인돌을, 북한 지역은 20곳 93기의
고인돌을 중심으로 유적 개관과 함께 중요 고인돌과 유물의 도면을
실어 이해를 돕고 있다. 북한 지역에는 많은 고인돌이 조사되었지만
그 성격을 가늠할 수 있는 유적만 소개하였다. 이곳에 분포된 고인돌
유적을 망라하여 이 지역의 고인돌 성격과 정황을 알 수 있게 해준
점에서 의미가 있다.

제3장은 3개 지역의 고인돌 분포와 입지를 비교하면서 각 지역
별의 특징을 서술하였다. 고인돌의 분포 중 랴오닝 지역은 랴오둥遼
東반도를 중심으로 랴오난遼南 지구의 다롄大蓮, 잉커우營口에 집중되
어 있으며, 이들 지역에서도 푸란뎬시普蘭店市, 와팡뎬시瓦房店市 북부

와 가이저우시蓋州市 남부의 구릉지대와 낮은 산기슭에 많이 분포되어 있다. 특히 비루허碧流河, 다양허大洋河, 훈허渾河 강유역에 집중 분포하고 있어 지세와의 관련성을 시사하여 주고 있다. 랴오닝 지역에서 조사된 고인돌유적의 지리적인 분포 특징은 랴오허 강의 서쪽, 즉 랴오닝성의 서부 지역인 진저우金州·푸신阜新·차오양朝陽 지구에서는 고인돌이 찾아지지 않아 랴오허 강이 경계선을 이룬다. 이것은 청동기문화의 성격이 랴오허 강을 중심으로 차이를 보이는 것과 함께 주목하였다. 지린 지역의 고인돌 분포는 하다링哈達嶺 남쪽과 장백산지 동쪽의 산과 높은 구릉 지대에 주로 분포하고 있으며, 이 가운데 랴오닝과 지린의 경계 지역인 분수령分水嶺 부근의 후이파허輝發河유역에 집중되어 있다. 북한 지역의 고인돌유적은 황해 지역부터, 청천강유역, 함북 지역 등 전 지역에 분포하고 있는 것으로 밝혀지고 있지만 고인돌의 지리적 분포 특징은 평안·황해도 지역의 서해안에 집중적인 분포를 하고 있다는 사실이다. 한반도의 고인돌의 분포를 볼 때, 서북한 지역의 서해안에 대한 집중 분포는 남부 지역의 중심 지역인 전라, 충청 일부 지역이 서해안이라는 점에서 서로 공통되고 있어 주목된다. 이것은 고인돌 문화가 서해를 통한 바다와 밀접한 관계를 가지면서 전파, 발전하였을 가능성을 시사하는 것이라 하였다.

고인돌의 입지는 자연 지세에 따라 평지나 구릉, 산기슭이나 산마루 등으로 구분하고, 특히 평지나 낮은 구릉 지역에 고인돌이 있을 경우 대부분 유적 가까이에 물줄기가 있어 서로의 관련성을 가진 것으로 보았다. 그리고 높다란 구릉 지대나 산마루에 있는 고인돌은 주변이 훤히 보이는 곳에 의도적으로 축조되어 있어 조망 문제가 먼저 고려되었던 것으로 파악하였다. 이 입지도 지역에 따라 차이가 있는 것으로 보았는데, 먼저 산마루나 산기슭에 유적이 있을 경우 지린지역은 랴오닝 지역 보다 절대적으로 높은 폐쇄성이 강한 산간 지역에 자리한다. 그러나 랴오닝 지역은 높이가 비교적 낮은 산마루나 구릉 지대에 위치하여 지린 지역처럼 폐쇄적이기보다는 주변에서 쉽게 바라보이는 조망이 좋은 곳에 위치한다. 요령과 북한 지역에서는 탁자식 고인돌이 주변의 어디에서나 쉽게 바라볼 수 있도록 사방이

야산 능선에 있는 북한 용강 석천산 고인돌

벌판이 내려다 보이는 산중턱의 중국 랴오닝성 스무청 고인돌

구릉 언덕에 자리한 북한 평양 문흥리 탁자식 고인돌
(조현종관장 제공)

훤히 틔어 조망이 좋은 곳에 분포하는 것도 있어 그 성격을 규정하는데 시사하는 점이 많다. 랴오닝 지역 중 고인돌유적 주변에서는 생활유적들이 많이 발견되고 있는 것으로 보아 당시 사람들의 생활 터전과 가까운 곳을 골라서 고인돌을 축조하였다고 보았다. 또 이는 고인돌 축조에 따른 노동력 문제, 무덤으로서 가지는 폐쇄적인 환경 문제가 제일 먼저 고려의 대상이 되었을 것이다. 다시 말하여 무덤을 만들 때 노동력 등 인적 자원을 고려하여 생활공간과 비교적 가까운 곳을 골랐으므로 당시 사람들은 그들의 살림터 이웃에 무덤을 만들 공간을 1차적으로 선택하였을 것이다. 고인돌유적의 입지는 랴오닝 지역의 경우 조망이 좋은 높다란 구릉 지대나 작은 산마루가 고려되었지만, 지린 지역은 패쇄성이 강한 산간지대에 많은 고인돌이 위치하여 서로 차이를 나타내 준다. 또 북한 지역은 강 옆의 평지나 높다란 구릉에 대부분 자리한다.

제4장은 고인돌의 구조와 형식을 다루고 있다. 먼저 고인돌의 구조에서는 덮개돌과 무덤방으로 나누어 분석하였다. 덮개돌은 길이와 너비, 덮개돌 길이와 무덤방의 길이, 덮개돌의 돌감, 덮개돌의 방향을 살폈다. 덮개돌의 길이와 너비는 1:1에서 2:1 사이의 범위에 집중 분포하고 있으면서, 특히 랴오닝 지역이나 북한 지역의 덮개돌은 1.5:1의 중심축을 사이에 두고 밀집되어 있음을 밝히고, 당시 사람들이 의도적으로 덮개돌의 크기를 결정하여 마련하였을 가능성을 시사하였다. 또 덮개돌의 길이와 무덤방의 길이는 랴오닝 지역이 1:1~3:2 범위에, 북한 지역이 1:1~3:1의 범위에 집중되어 있어 일정한 상관성을 지니고 있음을 제시하였다. 덮개돌의 돌감石質은 일정하게

북한 최대의 탁자식 은율 관산리 고인돌(하문식 교수 제공)

정하여진 것이 아니고, 고인돌 주변의 지형과 깊은 관계가 있으면서 유적 부근에서 쉽게 구할 수 있는 암질을 선택한 것으로 파악하였다. 이 돌감도 지역에 따라 차이가 나타나는데 랴오닝 지역은 대부분 화강암이고, 지린은 화강암을 비롯하여 각력암·사암이 많으며, 북한은 화강암·석회암·점판암·편마암 등 다양한 것으로 조사되었다. 덮개돌이 놓인 유적 주변의 자연 지세인 산줄기나 물 흐름과 나란한 것으로 밝혀, 고인돌 사회의 사람들이 축조 당시에 전통적으로 내려오는 절대적인 방위 개념을 가지고 있었다기보다는 고인돌 축조할 때 주변의 자연 지세를 고려하여 방위를 정하였던 것으로 이해하였다.

고인돌의 무덤방 구조는 형식에 따라 무덤방의 위치와 사용된 재료 등에서 큰 차이를 보인다고 하며, 탁자식이 크고 넙적한 돌을 가지고 지상에 만들었지만 개석식은 맨땅을 판 다음 넙적한 돌을 세워 돌널을 만든 것, 길쭉한 막돌을 쌓은 돌덧널, 구덩이 등 여러 가지가 있다고 하였다. 무덤방의 구조에서 굄돌, 마구리돌, 무덤방의 종류, 묘역시설, 딸림방副室, 무덤방의 길이와 너비의 관계, 칸막이 시설, 바닥 시설, 뚜껑돌 등을 분석하였다. 굄돌의 역할 가운데 중요한 것은 덮개돌이 쓰러지지 않도록 잘 지탱하는 것이다. 덮개돌이 축조 당시의 모습으로 유지되기 위해서는 먼저 덮개돌 그 자체가 수

북한 안악 노암리 탁자식 고인돌   북한 배천 용동리 탁자식 고인돌(하문식 교수 제공)

평으로 균형을 유지하여야 하며, 그 다음은 덮개돌을 받치는 굄돌의
서 있는 모습과 서 있는 자리 등의 안정감이 고려되어야 한다. 이러
한 역할은 조사된 고인돌을 들어 그 근거로 수평을 맞추기 위한 쐐
기돌의 사용이나 덮개돌을 안전하게 받치기 위해서 안쪽으로 약간
기울게 한 것과 마구리돌의 결구, 홈의 흔적 등으로 설명하고 있다.
랴오닝 지역의 고인돌 가운데 마구리돌의 처리 상태를 자세히 살펴
보면 크게 3가지로 나누고 있는데, 첫째는 양쪽 굄돌 사이에 끼인 모
습, 둘째는 양쪽 굄돌에 기대어 있는 모습, 마지막은 앞의 두 가지가
섞여 있는 모습이 있다고 하였다. 그리고 고인돌의 한 쪽 마구리돌이
무덤방 개폐를 쉽게 할 수 있는 문돌 가능성을 제시하였다.

　　개석식 고인돌의 무덤방 구조를 크게 구덩이·돌널·돌덧널 등으
로 나누었다. 고인돌에서 돌널 형식이 보편적으로 만들어졌지만 일
부 고인돌에서는 구덩 형식이 많음도 밝히고 있다. 그리고 고인돌
의 무덤방의 특이구조로 북한 지역의 개석식 고인돌 가운데에는 덮

개돌 밑에서 무덤방이 2개 찾아진 것, 무덤방이 돌널일 때 그 주위에 돌을 쌓아 무덤방을 보호한 것, 무덤방 옆에서 딸린 방이 있는 것 등을 들고 있다. 고인돌의 딸린 방에는 부장품이 출토된 데서 껴묻거리를 넣기 위하여 만든 것으로 해석하였다.

무덤방의 길이와 너비의 관계에서 탁자식 고인돌이 길이와 너비의 비율이 1:1~2:1의 범위에 대체로 분포하고 있지만, 개석식은 일정한 비율을 유지하지 않는 것으로 보았다. 북한 지역 고인돌의 또 다른 특징의 하나는 무덤방을 여러 칸으로 나눈 것이 있는데, 주로

북한 개천 묵방리 고인돌 무덤방

북한 황주 침촌리 천진동 고인돌 무덤방

탁자식에서 보인다. 무덤방의 칸 나누기는 대개 3~4칸이며 대부분 무덤방 안에서는 사람뼈가 발견되었다. 하나의 무덤 영역에 여러 기의 무덤방이 있는 것은 서로 간에 친연성이 강하며, 당시에 유행한 장례 습속과 관련되는 것으로 파악하고 있다.

고인돌의 무덤방 바닥 처리 방법을 넙적한 돌을 깐 것, 잔돌을 깐 것, 맨바닥으로 구분하였다. 고인돌의 형식에 따른 바닥 처리는 탁자식의 경우 넙적한 돌을 깐 것이, 개석식은 맨바닥이 높은 비율을 차지하였다. 또 개석식 고인돌의 무덤방에서 뚜껑돌이 찾아진 예는 북한 지역에서만 조사되었다고 하였다.

고인돌의 형식은 요령·지린 지역과 북한 지역으로 나누어 살피고 있다. 먼저 지역별로 기존의 형식 분류한 것을 소개하면서 그 문제점을 검토하였다. 고인돌의 형식 분류에서 그 기준이 여러 속성을 체계적이고 통일된 것이어야 한다면서 우선 잠정적으로 외형적인 모습에 따라 탁자식, 개석식, 바둑판식으로 분류하고자 하였다. 하지만 고조선 지역에서는 바둑판식이 아직 발견되지 않고 있다. 고인돌의 형식 간에서도 지역적 차이와 특징을 살피고 있다. 먼저 랴오닝 지역은 무덤방의 구조에 있어서 개석식 고인돌에서만 딸린 방과 껴묻거리 가운데 비파형 동검을 비롯한 청동유물은 탁자식보다 개석식 고인돌에서만 찾아지고 있어 주목된다. 지린 지역 고인돌의 형식에서 나타나는 특징은 개석식의 무덤방의 크기가 큰 편에 속하고 무덤방 안에서 많은 사람뼈가 찾아지는 것이 하나의 특징이다. 특히 개석식에서 두드러지게 찾아지는 화장은 이 지역에서 보편적으로 유행하였던 장례 습속이었던 것으로 보았다. 북한 지역의 고인돌 형식에 따른 특징은 탁자식에서는 무덤방의 칸 나누기가 찾아지고, 개석식 고인돌은 한 묘역 안에 무덤방이 여러 기 있는 집체무덤이 조사되었는데 이런 독특한 구조는 이 지역에만 있는 것이다. 그리고 랴오닝이나 지린 지역에 비하여 개석식의 무덤방에 돌널이 많은 것도 하나의 특징으로 파악하였다.

제5장은 고인돌의 껴묻거리와 연대를 다루고 있다. 고인돌의 껴묻거리는 그의 종류와 출토 상황에 따른 성격으로 나누어 살폈다. 껴묻거리의 종류는 토기류, 석기류, 청동기, 꾸미개류로 구분하였다. 이는 339기의 고인돌 가운데 껴묻거리가 찾아진 114기에서 출토된 것을 분석한 것이다. 토기는 랴오닝 지역에서만 완형이 많이 조사되었으며, 그 종류는 단지·항아리·깊은 바리·제기 등이다. 그리고 북

북한 상원 용곡리 방울뫼
고인돌(하문식 교수 제공)

한 지역에서는 이 지역의 대표적인 토기인 팽이형토기가 찾아졌다. 지린 지역의 고인돌에서 찾아진 토기는 대부분 조각들이다. 북한 지역은 22기의 고인돌에서 대부분 팽이형토기의 조각들이 발견되었으며, 이외 구멍 뚫린 민무늬토기, 미송리유형(묵방리유형) 토기 등이 있다. 미송리유형 토기는 요령과 북한 지역의 개석식 고인돌에서만 출토되었다. 특히 이 토기의 출토 지역은 비파형동검 문화권과 일치한다. 석기 중 돌도끼는 긴네모꼴의 간돌도끼이며, 랴오닝 지역의 화퉁쾅華銅壙 고인돌과 북한 지역에서는 톱니날도끼나 달도끼가 발견되기도 하였다. 화살촉은 고인돌에서 널리 찾아지는 껴묻거리(부장품)이지만 랴오닝과 지린 지역에서는 드물게 발견되었으며, 북한 지역에서는 19기의 고인돌에서 찾아졌다. 돌창은 팽이형토기 문화권인 북한 지역의 대표적인 석기이며, 10기의 고인돌에서 출토되었는데 대부분 개석식 고인돌이다. 청동기는 랴오닝 지역에서 비파형동검과 꾸미개 그리고 도끼 거푸집이, 지린에서는 청동 단추·고리·팔찌가, 북한에서는 화살촉과 꾸미개가 발견되었다. 랴오닝의 쐉팡雙房 고인돌에서 찾아진 비파형동검은 마디 끝과 등대의 단면으로 보아 초기 동검으로 추정된다.

고인돌의 껴묻거리의 출토상황에서 무덤방 안에서 나온 유물로 묻힌 사람의 머리 방향을 추정하고 성별을 구분하였다. 특히 지린 지역의 화장묘에서는 무덤방 안에서의 화장 전과 후에 부장되는 양상을 추론하였다. 그리고 특이한 예로 납작한 단을 만든 후에 부장한 것과 유물에 나타난 색의 의미로 장례 습속을 해석하고 있다. 껴묻거리의 출토 양상이 탁자식보다는 개석식에서 더 높은 비율을 보이며,

북한 개천 묵방리 고인돌 출토 간돌검

중국 랴오닝성 번시 신청쯔 출토 미송리형토기
(하문식 교수 제공)

무덤방 주위에 일부러 깨뜨린 석기와 토기는 제의와 관련된 것으로
보았다.

고인돌의 연대는 기존의 견해를 종합적으로 살피고 있다. 먼저
랴오닝 지역 고인돌의 연대에 대한 견해는 신석기시대 또는 중국 상
商나라 말기에서 청동기시대 중기 또는 춘추 중기가 있는데, 이는 고
인돌유적에 대한 절대 연대 측정 자료가 없고 껴묻거리가 적었기 때

문으로 주변의 유적 연대자료나 사회 발전 단계와 관련시켜 연대를 설정한 것이 주된 요인이다. 고인돌 출토 유물의 성격으로 보아 상마스上馬石 상층이나 쌍퉈즈雙駝子 3기 문화층과 관련시켜 그곳에서 측정된 방사성탄소 연대를 참고로 기원전 15세기에서 기원전 14세기에 해당하는 유적으로 보고 있다. 한편 탁자식 고인돌이 위치한 소재지의 유물 산포지에서 발견된 자료로 랴오닝 지역의 고인돌은 기원전 20세기, 즉 신석기 후기부터 축조되었을 가능성도 있다고 보았다.

지린 지역의 고인돌도 절대연대 측정이 이루어진 곳은 한 곳도 없다. 그래서 토기나 석기 등 껴묻거리의 성격이 보산문화의 특징을 지니고 있어 그 시기로 보고 기원전 10세기 안팎으로 보고 있다. 북한 지역 고인돌의 연대는 기존의 기원전 12세기 또는 기원전 13세기에서 최근 기원전 4000년 말까지 끌어올리고 있어 많은 문제가 있다. 그래서 저자는 껴묻거리 가운데 팽이형토기와 묵방리유형 토기를 중심으로 관련 자료를 남경유적과 구룡강유적과 비교 검토하였다. 이 유적의 방사성탄소연가 기원전 13세기~기원전 9세기와 기원전 11세기~기원전 8세기로 나와 기원전 10세기경으로 보고 있다. 하한에 대해서는 묵방리유형 토기가 찾아진 묵방리 고인돌의 연대를 근거로 기원전 3세기보다 약간 이른 시기로 파악하였다.

제6장은 고인돌의 성격과 사회 복원을 살핀 것이다. 고인돌의 성격에서는 기능과 축조를 다루고, 사회 복원에서는 노동력 문제와 묻기, 제의를 통해 살폈다. 고인돌의 기능은 종교 제사의 제단 기능과 무덤 기능으로 보았다. 제단과 같은 상징성을 가진 고인돌은 어디에서나 사람들이 쉽게 바라 볼 수 있도록 주변보다 높은 지세에 위

치하면서 1차적으로 외형적인 웅장함을 나타낸다. 또 고인돌이 떼를 이루고 있는 것보다는 독립적으로 1기만 일정한 범위에 분포하고 있는 경우가 많으며, 1기 이상이 있을 경우에는 다른 고인돌과 일정한 거리를 유지하거나 규모가 월등하게 큰 모습을 하고 있어 외형적인 특징을 들었다. 랴오닝 지역 탁자식 고인돌의 기능은 고인돌 축조 당시부터 제단의 기능이 일부 있었던 것으로 해석되며, 이러한 기능은 후대에 와서 더욱 강화된 것으로 보았다.

　　무덤 기능의 고인돌 근거로는 첫째, 고인돌이 한 곳에 떼를 지어 분포하고 있다는 점, 둘째, 무덤의 가장 직접적인 자료인 사람뼈가 찾아진다는 점, 셋째, 무덤 축조 과정에 묻은 껴묻거리가 찾아지고 있다는 점을 들고 있다. 무덤과 제단의 기능을 함께 지녔던 것으로 여겨지는 고인돌도 있기에 랴오닝 지역 탁자식 고인돌의 기능은 종합적으로 검토 해석하여야 할 문제이다. 지린 지역의 탁자식 고인돌은 사람뼈가 찾아진 곳이 대부분이며, 북한 지역의 고인돌은 다른 지역처럼 비교적 사람뼈가 많이 찾아져 그 주된 기능이 무덤이었던 것으로 보았다.

　　고인돌의 축조는 덮개돌 마련과 축조 택지의 선택이 있다. 덮개돌은 주변에 있는 큰 돌을 그대로 이용할 수도 있겠지만, 대부분은 고인돌을 축조할 곳과 가까이 있는 곳에서 채석을 하였을 것으로 여겨진다. 고인돌의 택지는 주변 지세가 중요한 요인으로 작용한 것으로 보이지만 축조할 곳에 미리 단을 만들어 주변의 다른 곳 보다 좀 높다랗게 한 경우도 있다. 고인돌 축조 과정을 보면 장허莊河 바이뎬즈白店子 고인돌의 경우 맨 처음 바닥돌을 지면에 놓고 그 주위에 150센티미터 안팎의 구덩이를 판 다음 동·서·남쪽에 굄돌과 마구리돌을 세웠다. 그리고 굄돌과 마구리돌의 안팎으로 흙을 쌓아 하나의 큰 흙더미를 만들면 바깥쪽은 비스듬하게 된다. 이 비스듬한 면을 이용하여 덮개돌을 굄돌 위에까지 끌어올리고 흙더미를 치우면 덮개돌과 굄돌이 맞추어지고 그 다음 한 쪽의 마구리돌을 닫은 것 같다. 그리고 북한 지역에서 조사된 고인돌의 축조 방법을 보면, 먼저 기초 홈을 파고 굄돌과 마구리돌을 세운 다음 진흙이나 돌을 섞어 기초 홈에 다짐을 하여 튼튼하게 한 것으로 밝혀졌다. 고인돌 덮개돌의 홈은 큰 돌을 끈으로 묶어서 축조 장소까지 옮기거나 축조 과정에 덮개돌을 끌어 굄돌 위에 얹을 때 효율적으로 하기 위한 것으로 해석하고 있다.

고인돌 축조에 따른 노동력 복원 문제는 덮개돌 운반에 관한 기존의 연구 결과를 소개하고, 고인돌의 입지조건을 고려하여 지렛대식이나 겨울철에 나무썰매, 강물을 이용한 뗏목이 이용되었을 가능성을 제시하였다. 그리고 운반에 동원된 인력문제는 실험고고학에서 제시된 자료를 소개하면서 이곳의 고인돌 축조에 동원된 노동력은 돌감이나 운반 거리, 위치 등으로 보아 구체적으로 산출하기 어렵다고 하였다. 묻기는 먼저 무덤방의 크기와 그 과정에 따라서 바로펴묻기, 굽혀묻기, 두벌묻기, 화장으로 나눌 수 있다. 랴오닝 지역 고인돌에서 발견된 사람뼈 가운데 불탄 사람뼈가 있으며, 이 중 무덤방 안에 흩어져 있거나 부서져 있어 한 번에 묻은 것이 아니고 몇 차례에 걸쳐 두벌묻기를 하였던 것으로 추정하였다. 그리고 탁자식의 마구리돌 가운데 문돌이 조사되고 있기 때문에 이러한 가능성을 시사하고 있다고 하였다. 지린 지역의 개석식 고인돌에서 화장의 흔적이 찾아진 것이 많아 이 지역에서 상당히 유행한 것으로 보았다. 특히 지린 고인돌에서 화장 후 사람뼈를 부위별로 모아 무덤방의 일정한 곳에 쌓아 놓은 간골화장도 있어 독특한 묻기를 보여준다. 북한 지역은 요령이나 지린 지역의 고인돌처럼 무덤방 안에서 화장을 한 것이 아니고 다른 곳에서 주검을 태운 다음 뼈만 가져와 묻기를 하였던 것 같다. 이처럼 같은 지역의 고인돌에서 묻기가 다양하게 나타난 것은 축조 집단의 차이라기보다는 묻힌 사람과의 관련되는 것으로 파악하였다.

고인돌유적에서의 제의 흔적은 무덤방 곁에서 의도적으로 깨뜨린 많은 토기 조각과 재물로 쓰였던 것으로 여겨지는 짐승뼈 등을 통해서 살피고 있다. 요령지방에서 토기를 의도적으로 깨뜨려 뿌린 것은 당시 장례의식의 한 단면을 알려 주는 것이며 이것은 고인돌 사회의 사람들이 죽음의 공포로부터 벗어나기 위하여 무덤방에 묻힌 사람의 죽음을 사회적으로 공인시키는 행위로 해석되기도 한다. 푸란뎬 비루허 24호에 껴묻기된 항아리 안에는 새뼈가 들어 있어 장례 의식의 한 자료이다. 지린 지역 제의의 한 과정을 알 수 있는 자료는 일부러 껴묻기 위하여 만들었던 것으로 해석되는 명기가 찾아지기도 하였다. 그리고 둥펑東風 자오추고우趙秋溝 3호에서 찾아진 안팎에 붉은 칠이 된 항아리는 장례의식에 이용된 붉은 색의 의미를 살펴볼 수 있는 자료이다. 이러한 것들은 고인돌 축조 과정의 장례의식과 밀접한 관계가 있는 것으로 보았다.

맺음말에서는 앞서 살펴 본 내용을 요약하였다. 저자는 현재까지의 조사와 연구 성과에 의해 고조선 지역의 고인돌 문화를 고찰하여 많은 제한점이 있음을 밝히고 있다. 이에 묻기 방법, 고인돌 형식에 따른 선후관계, 연대 설정 문제 등은 앞으로 자료의 증가되면 구체화될 것으로 보았다. 아울러 한반도 고인돌 문화의 성격 규명은 고조선 지역의 고인돌과 밀접한 관계가 있기 때문에 자료의 증가되면 구체적으로 밝혀질 것으로 내다보았다.

중국 동북 지역까지 확대한 고인돌 연구

본서인 고조선 지역의 고인돌 연구는 랴오닝과 지린 지역, 그리고 북한 지역에 분포된 고인돌을 종합 분석한 것이다. 이 지역에서 조사된 보고문이나 관련 논문이 많이 발표되고 있었지만 체계적이지 못한 점에 비추어 보면 본서는 이를 극복한 것으로 평가될 수 있을 것이다. 랴오닝과 지린 지역의 일부 고인돌을 직접 조사한 자료를 포함하여 기존의 문헌과 연구 성과를 종합하고 또 많은 도면과 사진 자료를 제시한 것은 고인돌 연구에 커다란 성과라고 할 수 있겠다. 이는 남한 지역과의 비교 연구할 수 있는 자료를 제공해 주었다는 데 그 의의가 크다 할 것이다. 하문식 교수는 충주댐 황석리 발굴을 계기로 고인돌에 많은 관심을 가지고 석사논문을 비롯하여 고인돌에 대한 연구논문을 지속적으로 발표하여 한국 고인돌 연구에 지대한 업적을 축적해왔다. 이를 바탕으로 그 범위를 우리나라 청동기시대 문화 연구에 있어 함께 다루어야 할 중국 동북 지역과 북한 지역의 고인돌을 대상으로 열악한 자료에도 불구하고 철저한 분석을 통해 각 지역의 고인돌문화의 성격을 규명한 것은 대단한 업적이라 하겠다. 그의 업적은 당시의 고인돌 문화에서 각 지역별로 변화 발전하면서 독자적인 지역문화를 형성하였음을 밝히고 있는 점을 들 수 있다. 즉 고인돌의 형식이나 출토유물, 구조적인 특징, 묻기 방법, 장례의식 등의 차이에서 보이는 문화적인 특징은 고인돌 축조집단의 족속과도 결부될 수 있는 문제이다. 이러한 차이는 남한 고인돌 문화와도 커다란 차이를 보여주고 있기 때문에 이들 지역 간의 문화와 그 사회 성격은 앞으로 풀어야 할 과제라 할 것이다. 이와 같은 업적은 고인돌 연구의 범위를 한층 넓혀주었고, 고인돌 문화의 구체적인 사실을 밝혀내어 앞으로의 연구 방향이나 많은 과제를 제시해 준 것이다.

이러함에도 이 책에 나타난 몇 가지 아쉬운 점을 지적하고자 한다. 먼저 제목으로 한 고조선 지역이다. 최근 중국 동북 지역까지 포함하는 고대사나 고고학적인 연구 성과를 바탕으로 한 것인지는 모르겠지만 이를 고조선 지역으로 선정한 것은 문제가 아닐 수 없다. 즉 역사 기록에 있는 국가명을 제시하였을 때 그 중심지나 영역의 변화를 고려하지 않는 것이다. 고고학적 성과에서 나타난 그 문화 요소 중 고인돌이 곧 고조선이라는 인식을 주기 때문이다. 이의 등식은 고인돌 밀집지가 고조선의 중심지라는 의미를 내포하고 있는 점이고, 한편으로는 남한 고인돌은 한韓 지역이라고 하는 논리와 같다.

다음은 고인돌만 대상으로 철저한 분석 고찰하고 있지만 관련 문화나 사회상의 비교가 빈약한 점을 들 수 있다. 즉 당시 공존되는 다른 묘제나 주거지 등 고인돌 문화와의 관련되는 문화상의 제시가 거의 없고, 고인돌 사회의 성격 규명이 이루어지지 않고 있다. 이는

중국 랴오닝성 솽팡 고인돌

중국 랴오닝성 스펑위 탁자식 고인돌

중국 지린성 따사탄 탁자식 고인돌

고인돌이 축조되는 배경과 연관되는 문제로, 당시 사회에서의 고인돌이 차지하는 위치가 규명되어야 한다. 다른 묘제와의 비교를 통해 신분적 차이인지, 시기적인 차이인지, 집단 간의 차이인지 등 여러 측면에서 다루어졌어야 한다. 즉 석관묘나 토광묘 같은 무덤에서 많은 청동유물이 출토되고 있는데, 고인돌에서는 매우 빈약한 면을 보이는 점에서 타 묘제와의 관계도 설정되어야 한다.

고조선 지역은 한국 청동기시대나 문화를 밝히는 데 매우 중요한 지역이다. 그런데 고인돌의 성격이나 연대에서 각 지역의 연구자들의 견해를 종합한 감이 있다. 이 견해에 대한 충분한 검토와 근거 자료의 제시가 있어야 하는데, 수용하려는 입장을 보이고 있다. 이를 위해서는 고인돌뿐 아니라 고인돌과 관련되는 유적 유물을 총체적으로 하여 살펴보았어야 한다. 왜냐하면 그 지역의 고고학 연구가 매우 단편적이고 자의적으로 해석하는 경향이 강하여, 우리와는 보는 시각이 상당히 다르기 때문이다.

이 책에서 다루었으면 하는 것은 족속 문제와 남한 고인돌과의 관계이다. 지역 간 고인돌 차이를 들고 있지만 이 또한 관계에 대한 설명이 부족하다. 고인돌의 구조나 껴묻거리의 양상보다는 이와 관련되는 문화 유형을 통해 설명되어야 한다. 즉 문화 유형을 지역 간의 집단 차이로 본다면 이 지역의 족속으로 자주 언급되는 고조선족, 예맥족, 동이족, 동호족 등의 집단 문제와 관련될 수 있는 문제이기 때문이다. 남한 고인돌과의 비교 검토가 부족하다는 점이 있다. 다시 말해서 남한 지역의 고인돌에서 나타난 문화나 묻기 방법, 껴묻거리와 그 부장 양상의 비교하여 고인돌 문화의 같은 점과 다른 점을 파악하였다면 고조선 지역의 고인돌 성격이 더 부각될 수 있었을 것이다.

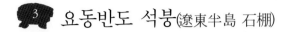

3 요동반도 석붕(遼東半島 石棚)

― 쉬위린許玉林 지음, 요령과학기술출판사, 1994년

중국 지석묘 연구 현황

중국의 지석묘는 석붕(탁자식 고인돌)과 대석개묘(개석식 고인돌)로 분류하고 있다. 중국의 석붕은 우리나라에서 탁자식 또는 북방식이라 부르는 지석묘와 같은 형태이다. 우리나라에서 지석묘의 한 형식인 기반식(남방식)이나 무지석식(개석식)은 대석개묘로 부르고 있어 석붕과 뚜렷이 구분하고 있다. 석붕은 개석하의 석실이 지상에 드러나 있고 산이나 구릉의 정상부에 자리하고 있어서 외형적으로 웅장하게 보인 지석묘이다.

이러한 중국 석붕에 대한 기록은 기원전 1세기초『후한서』오행지에서는 산둥성山東省 석붕을, 기원후 2세기 말『삼국지』에서는 랴오닝성 랴오양遼陽 석붕을, 13세기 무렵『압강행부지鴨江行部志』에서는 랴오닝성 와방점시 석붕을 각각 기록하고 있다. 현재 중국에서 사용하고 있는 석붕이란 용어는 13세기부터 문헌에 나타나며, 그 전에는 대석이라 기록되어 있다.

랴오둥반도 석붕의 조사 연구는 20세기 초 도리이 류조, 미야케 도시나리 등 일본 사람들에 의해 진현金縣 샤오관둔小關屯, 와팡뎬시 타이즈台子, 가이저우시蓋州市 스펑산石棚山, 다스차오시大石橋市 스펑위石棚峪, 하이청海城 스무청析木城, 슈안岫岩 싱룽興隆 등 크고 작은 10여 기의 석붕을 조사하여 보고한 것이 처음이며, 미카미 쓰구오에 의해 와팡뎬시 화둥쾅鏵銅礦 석붕이 최초로 발굴조사되어 인골과 석기, 토기 등의 부장품을 보고하였다. 1950~1960년대에는 천밍다陳明達, 푸쑹즈符松子, 쉬밍강許明綱 등의 조사에 의해 10여 기의 석붕이 더 확인되었으며, 1956년에는 리원신李文信이 랴오둥반도 석붕을 분석한 연구 논문을 발표하였다. 1979년에는 쉬위린許玉林 등이 푸란뎬시, 가이저우, 칭위안현淸原縣, 신빈현新賓縣 등 랴오둥반도 석붕에 대한 1차 조사를 실시하여 30여 기를 발견하였으며, 1980~1981년에는 쫭허庄河, 가이저우蓋州, 하이청海城, 슈안岫岩, 카이위안현開原縣 등지에서 60여 기의 석붕을 조사하였다. 이러한 일련의 석붕 조사는 랴오둥반도 석붕의 분포와 현황 등 중요한 연구 자료를 제공하였다. 이와 더불어 1980년 푸란뎬시 쐉팡雙房 2호 석붕과 1988년 가이저우 훠자워바오伙家窩堡 석붕에 대한 발굴조사가 이루어졌으며, 1980년대부터 중국과 일본학자들에 의해 랴오둥반도 석붕의 유형, 연대, 성격, 족속 등에 대한 많은 견해들이 제시되어 심층적인 연구가 이루어지고 있다.

이러한 랴오둥반도를 중심으로 한 중국 석붕에 대해서는 한국 고고학계의 지대한 관심의 대상이 되었지만 이에 대한 자료의 입수가 국내에서는 어려워 중국 대만과 일본에서 고고학을 공부한 이형구와 김정희에 의해 1980년 말경에야 그 정황이 한국 고고학계에 소개되기 시작하였다. 그 후 중국이 개방되면서 고고학 자료들이 학자들에게 공개되었다. 1990년대에도 하문식과 김정배에 의해 중국의 석붕에 대한 것을 발표하였으며, 또한 여러 고고학자들에 의해 다방면의 중국 고고학에 대한 연구 논문이 발표되고 있다.

쉬위린의 석붕 연구

쉬위린은 중국 랴오닝성의 대표적인 고고학자 중 한 사람이다. 그는 1935년 랴오닝성 톄링鐵嶺에서 태어나 1965년 북경대학 역사과 고고학 전공으로 졸업한 후 많은 중요한 유적과 무덤을 발굴조사하여 랴오둥반도 지역의 고고학 연구에 지대한 업적을 남겼다. 하지만 이 책『요동반도 석붕』이 출간된 1994년에 불행히 생을 마쳤다.

그는 중국 랴오둥반도 석붕의 신비를 밝히는 것을 연구 과제로 삼고 1976년부터 랴오둥반도 석붕의 분포와 현황 조사에 착수하였다. 그의 조사는 랴오둥반도에 산재된 석붕의 위치, 지형, 규모와 구조 등 기본적인 조사뿐 아니라 주변의 관련 유적, 문헌자료, 신화와 전설까지도 포함한 전반적인 조사를 10여 년간에 걸쳐 실시하였다. 이 기간에 푸란뎬시 솽팡 석붕과 가이저우시 훠자워바오伙家窩堡 석붕을 발굴조사하여 랴오둥반도 석붕에 대한 연구의 기초를 설정하였다.

또한 그는 랴오둥반도 이외의 지역에도 관심을 가지고 1991

년 여름과 가을에 지린성 퉁화지구와 저장성 원저우지구 서안 석붕에 대한 조사와 자료도 수집하였다. 석붕 관련 자료를 중국 지역만이 아니라 동북아시아와 유럽 지역의 자료에 대해서도 관심을 가지고, 1991년에 일본 규슈 지방의 지석묘를 3주 동안 조사한 바 있으며, 1992년에는 전북 고창 지역 지석묘를 답사하였으며, 독일과 유럽 지역의 석붕 자료도 수집하였다. 그는 1992년 11월에 원광대학교 마한 백제문화연구소에서 열린 '동북아 고문화 원류와 발전'이라는 국제학술회의에서 중국 동북 지방의 석붕에 대해 발표한 바도 있어 한국 고고학계에 널리 알려진 사람이다.

그는 랴오닝성 문물고고연구소 연구원, 선양시 동아문화연구소 연구원, 랴오닝성 고고학회 이사 등을 역임한 바 있으며, 주요 연구 논문으로는 『동북고문화東北古文化』(공저)를 비롯하여 「여대지구 신석기시대 문화와 청동기시대 문화 개술」, 「후와后洼 유적 발견과 연

중국 꽝허 따황띠 대석붕
(하문식 교수 제공)

구」, 「랴오둥반도 석붕의 연구」 등이 있다. 이러한 그의 조사와 연구를 통해 꾸준히 그 연구 성과를 발표하여 국내외의 고고학 연구에 많은 영향을 끼쳤다.

석붕 연구의 주요 내용

이 책은 3개의 장章으로 구성되어 있다. 제1장은 랴오둥반도 석붕과 그와 관련 유적을 분석한 것이며, 제2장은 랴오둥반도 이외 지역을, 제3장은 중국 외의 지역을 살핀 것이다. 이 책은 본문 164쪽과 뒤에 고인돌 사진과 유물사진 72쪽 등 236쪽이다. 각 장에서는 석붕에 대해 자세하게 소개한 후 그와 관련된 제반 사항을 분석 검토하여 석붕의 문화적인 특징을 밝히고 있다. 여기에서는 중국의 고대 묘제와 관련된 고고학 연구 현황을 소개하는 면에서 본문 내용을 요약 정리하고자 한다.

제1장에서는 랴오둥반도의 석붕을 분포, 유형, 건축 특징, 연대, 성격, 원류, 입석과의 관계, 족속 문제 등 여러 면에서 랴오둥반도의 석붕에 대해 분석하였다. 분포에서는 랴오둥반도에서 조사된 석붕 53개 지역 123기에 대해 소개하였다. 각 석붕의 행정적인 위치와 경위도상의 지점, 해발과 상대고도(평지에서의 고도), 석붕 간의 거리, 개석과 석실 벽석의 실측치, 조사경위, 주변 출토유물 등을 서술하고, 위치도와 석붕과 유물의 실측도도 실어 각 석붕의 특징을 살필 수 있도록 자세하게 소개하였다. 랴오둥반도의 석붕은 랴오난의 다롄지구, 이커우지구, 단둥지구 등에 집중되어 있고, 북으로 지린성

남부까지 분포하지만 랴오허 강 서쪽에서는 아직 발견된 바 없다. 이런 석붕의 중심 분포는 푸란뎬시 북부와 가이저우시 남부로 설정하였다.

석붕의 유형에서는 그 개념을 분명히 하고 석실이 지상에 노출여부를 가장 큰 요소로 보았다. 석실이 지상에 노출되어 있더라도 봉토나 봉석이 있는 것, 대석개묘(개석식), 기반식 지석묘, 상식箱式 석관묘 등은 석붕으로 볼 수 없다고 하였다. 랴오둥반도에서 발견된 석붕

중국 랴오닝성 스펑산 대석붕 고인돌

중국 랴오닝성 싸오관툰 중석붕 고인돌

중국 랴오닝성 산룽 소석붕 고인돌

의 유형을 개석(덮개돌)의 규모, 석재의 가공 상태, 개석과 석실의 결구 형태, 석실(무덤방)의 평면 결구 상태, 입지 지형에서 크게 대석붕, 중석붕, 소석붕 등 세 가지 유형으로 구분하였다. 대석붕은 개석이 4~5미터 지석(받침돌) 높이 2미터 내외로 규모가 크고 웅장하며, 가공된 석재를 사용하고, 석실에 비해 개석이 커 넓은 처마가 형성되어 있고, 주변의 광활한 평지가 전개된 높은 대지상이나 산상에 위치하고 있는 개주 석붕산 석붕을 표지 유적으로 하는 석붕산 유형으로, 형태상에서 관처럼 생겨서 관면식冠冕式으로 하였다. 중석붕은 개석 2~3미터, 지석 높이 1.3미터 내외로 대석붕보다 규모가 작고, 가공하였지만 정연하지 못한 석재를 사용하고, 대석붕보다 짧은 처마, 상대고도 20미터 정도의 대지에 있는 진현 싸오관툰 석붕을 표지 유적으로 하는 싸오관툰 유형으로, 형태상에서 탁자 형태의 방탁식方桌式으로 하였다. 소석붕은 개석 2미터 지석 높이 1미터 내외로 규모가 작으며, 자연석의 석재를 사용하고, 처마가 없고, 저평한 대지나 평지에 있는 슈안 싱룽 석붕을 표지 유적으로 한 싱룽興隆 유형으로, 형태상에서 무덤의 관으로 보아 관곽식棺槨式으로 하였다. 이러한 유형의 분포를 보면 중·대석붕은 랴오둥반도 남부지구에 많고, 소석붕은 랴오둥반도 전역에 분포하지만 북부지구에 많다.

랴오둥반도 석붕의 건축에 대해서는 채석 방법, 운반 방법, 축조 방법 등을 국외의 일본, 이집트, 영국, 독일의 자료와 중국의 석붕에 남아 있는 흔적을 비교하여 소개하였다. 석붕의 연대는 주변 유적의 연대, 석붕 출토 유물의 연대, 석붕의 규모와 건축 기술적인 측면에서 분석하고, 각 유형별로 방사성탄소 연대를 이용하여 대석붕을

3천5백~3천1백 년 전으로, 중석붕을 3천5백~3천1백 년 전후로, 소석붕을 3천~2천1백 년 전후로 설정하였으며, 대석붕을 중석붕보다 약간 이른 것으로, 소석붕을 퇴화된 석붕 형식으로 보았다.

　석붕의 기능과 성격은 종교·제사기념물, 원시사회 씨족 공공 활동장소, 묘장 등 기존의 세가지 견해를 소개하면서 석붕이 묘장인 이유로 다음의 세 가지 점을 들었다. 즉 석붕이 군집되어 있고 적석묘, 대석개묘 등과 석묘군을 이룬 점, 결구 방법에서 문을 설치한 점, 인골과 부장품이 출토된 점에서이다. 석붕의 피장자 신분을 대석붕으로 보아 사회적인 지위와 권력을 가진 지방 수령이거나 대소 귀족으로 보고 있다. 또한 문헌자료를 검토하여 석붕은 선조의 분묘로 조상 숭배와 제사의 장소였을 것으로 보았고, 신화와 전설에서 천신과 태양신의 숭배, 토템 숭배, 거석 숭배 등 자연 숭배 관념도 있음을 제시하였다.

신을 모신 단이 설치된
중국 라오닝성 따이즈툰
고인돌(하문식 교수 제공)

랴오둥반도의 석붕의 원류 문제를 규명하기 위해 적석묘(돌무지무덤), 대석개묘, 동굴묘, 석관묘 등 석묘 유적들을 분석하여 이들과 석붕과의 관계를 서술하였다. 적석묘는 랴오난과 랴오둥지구로 구분하고, 각각 유적에 대한 위치, 입지, 규모, 현상, 출토유물 등을 상세히 소개하였다. 랴오난지구의 적석묘를 라오톄산老鐵山 유형, 위자타더우于家坨頭 유형, 강상崗上 유형 등 3유형으로 구분하였다. 라오톄산 유형은 고산 정상부의 지표면을 다듬어 장방형 또는 방형의 묘역을 여러 번에 걸쳐 조성하고 묘실을 일열로 배치한 것이 많으나 수열도 있으며, 출토 유물상에서 샤오주산小朱山 상층문화와 유사하고 용산 문화의 요소도 보여 그 영향을 받은 것으로 연대는 4500년 전후로 보고 있다. 대표적인 유적으로 라오톄산을 비롯하여 장쥔산將軍山, 쓰핑산四平山, 다링산大嶺山이 있다. 위자타더우 유형은 대지나 언덕의 지면에 묘역을 여러 번 조성하고 묘실을 봉와장蜂窩狀(벌집형)으로 수십 기를 배치한 것으로, 유물상에서 솽퉈즈 3기 문화로 연대는 3,500년 전후로 보았다. 강상崗上 유형은 언덕에 원각장방형 묘역에 방사상 돌담을 구획하고 중앙부에 중심묘가 있고 그 주변에 묘실을 배치한 것으로, 유물상에서 랴오둥반도 청동단검문화로 연대는 춘추-전국시대로 보고 있다. 대표적인 유적으로는 강상崗上, 러우상樓上, 워룽취안臥龍泉 적석묘가 있다.

이러한 적석묘는 산정부에서 낮은 대지나 언덕으로 입지가 변화되며, 묘역을 한 번 또는 여러번 조성하고 열을 이룬 묘실을 배치하였다. 혈연적이고 평등관계이던 것이 묘역 중심에 대묘와 주변에 일반묘로 분리하여 빈부의 계층관계로 발전하였다고 보았다. 적석묘의 장법은 일차장, 이차장, 다차장, 화장 등 다양한 장법이 사용된다. 랴오난지구의 적석묘는 석붕과 하나의 문화 계통으로 보고, 석붕은 쑹튀즈双坨子 3기문화인 위자타더우유형 적석묘에서 발전 변화되었으며 지방에서는 공존한 것으로 파악하였다.

　랴오둥지구의 적석묘는 환런桓仁, 후자바오즈胡家堡子, 멍자孟家 적석묘가 대표적인데, 원형의 봉토가 있는 원구식圓丘式 적석묘, 층계를 이룬 계단형 적석인 계대식階臺式 적석묘, 계대식 석실묘로 구분된다. 원구식 적석묘는 원구상 봉토로 묘실이 없으며 동한에서 위진시대로 편년된다. 계단식 적석묘는 방형으로 2~3단의 적석 형태인 방구상 봉토 상부에 개석이 없는 광실框室(석실의 일종)이 출현하며 한나라에서 위나라 때로 보고 있다. 계단식 석실묘는 계단식 적석묘와 같으나 봉토 하면에 장대석의 개석을 덮은 석실이 있으며 석실 중에 석붕상을 하고 있는 것도 있고 그 시기를 위진시대로 보고 있다. 묘

중국 환런 왕장러우 적석묘
(하문식 교수 제공)

실이 지상이고 1~2기가 독립된 분구를 이룬 랴오둥지구의 적석묘는 랴오난지구와는 기본적으로 다른 계통의 문화이며, 고구려의 조기 묘제로 보고 있다. 랴오둥지구의 석붕의 연대가 3,000년 전후인데 반해 적석묘는 위진 시대의 고구려묘로 보아 서로 간의 시대차를 보이지만 적석묘의 석실이 석붕의 건축 형식을 보이고 있는 점에서 상호 간의 관계를 설정하였다. 즉 펑청豊城 후자바오즈 2호 적석묘는 3매의 두터운 벽석 구조가, 멍자 적석묘는 석실의 처마 형식에서 석붕과 유사한 점을 보이고 있고, 집안 장군총 배총은 고구려 시대의 석붕묘로 가장 늦은 시기의 석붕 유풍으로 파악하였다.

대석개묘는 묘실을 덮은 1매의 상석(덮개돌)이 지상에 노출된 것으로, 묘실은 토광, 적석, 석곽, 석관 등이 있다. 수 기 또는 수십 기씩 군집되어 있으며 석붕과 공존한 것도 있다. 그 분포는 다롄지구, 잉커우지구, 단둥지구 등 주로 랴오난 지역에 밀집되어 석붕의 분포 지역과 일치하고 있다. 대석개묘의 출토 유물은 활석제 용범, 청동단검 등 청동기 관련 유물과 석부, 석분, 석착, 석도 등의 석기류, 심발罐형, 호형 등의 토기가 있다. 랴오둥반도 남부와 북부의 대석개묘가 다른 양상을 보인다. 공통적으로 활시위 무늬인 현문호弦紋壺(미송리식토기)가 출토되나 랴오난에서는 토광과 석관이 많고 석곽이 소수이나 랴오베이遼北 지역에서는 주로 석곽인 점, 랴오난에서만 청동단검이 부장된 점에서 차이를 보이고 있다. 유물로 보아 랴오난은 상마스 상층문화, 랴오베이는 묘후산 문화 유형에 속한 것이어서 문화상이나 연대에서도 약간의 차이를 보인다. 대석개묘의 연대는 대개 상한을 3,000년 전후로 하한은 춘추시대이나 전국 만기까지는 내려가지 않는다. 대석개묘와 석붕과의 관계는 묘실이 지하와 지상인 점에서 큰 차이가 있고, 한 묘역에 공존하고 묘제 구성상에서 유사점이 있다. 하지만 솽튀즈 3기 문화인 석붕이 청동단검을 내는 대석개묘보다 빠른 시기의 것이어서 대석개묘가 석붕에서 변화 발전된 것으로 보았다.

동혈묘洞穴墓(동굴묘)는 랴오둥지구의 번시, 푸순撫順 일대에 분포되어 있다. 한 굴에 10여 기 이상의 묘장이 있으나 묘광이 불분명하고 매장법은 신전장, 화장, 이차장이 있다. 부장유물은 주로 생산공구와 무기류의 석기가 많고, 호壺, 관罐, 완碗, 발鉢 등의 토기가 조합을 이루고 있다. 연대는 탄소연대로 보아 3,500년 전후, 즉 청동기 초기에서 춘추시대에서 전국 말기로 추정하고 있다. 동혈묘는 토기, 청동단검의 출토로 대석개묘와 석관묘와 관련이 있으며, 랴오둥지구의 동혈묘는 연대상 석붕, 대석개묘, 석관묘, 적석묘 보다 빠른 묘제이지만 문화상 하나의 계통일 가능성이 있는 것으로 보았다.

석관묘는 판석이나 할석으로 장방형 묘실을 지하에 축조하고 그 위에 1매 또는 수 매의 개석을 덮은 것으로, 그 분포는 다롄지구, 잉커우지구, 랴오양지구, 단둥지구, 푸순撫順지구 등 랴오둥반도 지역에서 보인다. 석관묘는 두 유형으로 나뉘는데, 판석을 세워 만든 묘실과 할석을 쌓은 묘실로 구분된다. 이 석관묘에서는 청동단검, 청동모, 청동부 등 청동기와 호, 관, 발, 쌍연관双聯罐 등 토기, 석검, 석부, 석분, 석착, 방추차, 석도, 검파두식 등 석기가 있다. 석관묘는 묘실 형식에서 석붕과 대석개묘와 유사성을 보이나 청동단검, 전국 포폐의 출토로 춘추전국시대로 시기적으로 늦은 묘제이다.

이러한 랴오둥반도의 묘제는 신석기 만기인 적석묘가 가장 빠른 것이며, 그 다음 청동기시대인 동혈묘, 석붕, 대석개묘이고, 청동기시대 만기(춘추전국시대)인 석관묘로, 서로간의 일정한 관계를 가지면서 변화 발전된 것으로 보고 있다.

랴오둥반도 석붕의 축조자 족속 문제에 있어 상족商族, 동이족東夷族, 맥족貊族의 견해를 소개하였다. 상족설은 발해 연안에서 활동한 고대 토착민이란 것에 근거를 두고 있지만 근거가 희박하다. 맥족의 경우는 랴오둥지구와 지린 퉁화지구의 석붕을 고대 맥족의 선조 묘장으로 보는 것이 일반적이나 랴오난지구와는 다른 지방적인 문화를 소유한 족속의 것으로 본다. 동이족설은 랴오난지구 석붕이 문헌적인 근거와 산둥반도의 룽산 문화와 웨스垚石 문화의 영향을 받은 쌍튀즈와 상마스 상층 문화인 등에 의해 축조된 것으로 보아 고대 동이족의 활동 무대와 고고학적인 근거를 제시하였다.

중국 랴오닝성 시무청
고인돌(하문식 교수 제공)

제2장에서는 랴오둥반도 이외의 지역인 지린성 퉁화지구와 저장성 뤼안 지구의 석붕만 확실한 것으로 보고 있으며, 후난성, 쓰촨성, 산둥성 등에서 발견된 석붕은 자연석이 분화된 것이거나 대석묘로 분류하여 석붕이 아님을 밝혔다. 지린성 퉁화지구의 석붕은 퉁화시, 메이허커우시梅河口市, 류허시柳河市, 둥펑현東豊縣에서 16개 지역 51기가 조사되었다. 석붕의 장속은 다인화장이 유행하고, 출토유물은 두豆, 관, 호 등 토기가 조합되나 삼족기三足器는 없으며, 부, 도, 산, 겸, 분, 첨상기尖狀器 등 마제석기가 출토되었다. 지린 퉁화지구의 석붕은 산구 정부에 열을 지어 있고, 대석개묘나 석관묘와 공존하며, 입지와 방향 또 문이 남쪽에 있는 점 등이 랴오둥반도 지구의 석붕과 일치하고 있다. 소형 석붕이 주를 이루고 석질이 다른 것은 외형상 같을지라도 축조방법이나 출토유물에서 분명히 지역적 특색을 보이고 있다. 연대가 청동문화 만기여서 랴오둥반도 석붕의 전래와 영향에서 축조되었음을 알 수 있다. 저장성 뤼안 석붕은 두 지역에서 4기가 조사되었는데, 석붕의 구조면에서 랴오둥반도와는 다른 점이 있다. 상주시대 원시자기의 특징인 원시흑자준原始黑瓷尊, 원시청자완原始青瓷碗, 인문경도印紋硬陶 등 지방적인 특색의 유물이 출토되어 그 연대를 서주-춘추시대로 보고 있다. 저장성 석붕에 대해 랴오둥반도에서 해로로 전파되었다는 설과 전래품이 아니고 토착문화라는 설이 있다. 이에 대해 필자는 고고학적인 유물과 석붕의 입지 등에서 랴오둥반도 석붕이 남쪽으로 전파하여 영향을 끼친 것으로 보았다. 지린성과 저장성의 석붕이 랴오둥반도와는 외형상이나 입지, 대석개묘와의 공존 등에서 서로간의 공통점을 보이나 축조 방법이나 출토유물에서 차이를 보이고 있지만,

중국 저장성 둥차오 고인돌

중국 저장성 뤼안
다이스산 고인돌 무덤방

석붕의 중심인 랴오둥반도에서 전파되어 영향을 미쳤다고 하였다.

랴오둥반도의 석주자石柱子(입석, 선돌)의 형식은 자연석, 일부 가공석, 가공석 등 세 가지 유형으로 구분되며, 그 기능은 묘 앞에 세운 표지, 중요한 사건으로 세운 기념건축물, 신령이나 벽사 의미의 거석 숭배 등으로 보고 있다. 이는 석붕과 함께 공존하고 있는 것으로 보아 거석건축물의 일종으로 묘장으로서의 석붕과 묘표로서의 석주자로 긴밀한 관계가 있다고 하였다.

제3장에서는 위에서 본 랴오둥반도의 석붕을 비롯한 타 지역의 석붕과 대석개묘, 적석묘, 석관묘, 동혈묘 등 다른 석묘를 분석한 것과 비교하여 세계에 분포된 각 지역의 석붕과 거석축조물에 대해서 간략히 소개하고, 인접 지역에서는 상호간의 영향을 끼쳤지만 각지의 거석물은 형식, 연대, 문화의 성격 등이 구별되기 때문에 자연과 역사의 발전상에서 필연적으로 거석들이 조영되었을 것으로 보았다.

한국의 청동기시대 묘제와의 관계

랴오둥반도의 청동기시대 묘장은 석붕을 비롯하여 대석개묘, 적석묘, 석관묘 등 석묘가 발달 유행하였다. 이러한 무덤들은 우리나라에서도 나타나는 묘제로 서로 간의 관련성을 시사해준다. 하지만 묘제의 형식이나 출토 유물에서는 차이를 보이고 있다.

먼저 우리나라에서 지석묘로 총칭하여 부르는 석붕과 대석개묘가 있다. 이는 거석문화의 일종으로 랴오둥반도 남부에 밀집되어 분포하고 있다. 석붕은 북방식 또는 탁자식이라 부른 지석묘와 같은 형식이지만 중국에서 분류하고 있는 대석붕은 황해 관산리 지석묘로 대표된다. 그 분포는 대동강유역까지만 나타나고 그 이남 지역에서는 외형적인 면에서 상당한 차이를 보인다. 중석붕은 한강유역까지, 소석붕은 경남 거창과 전남 영산강유역까지 그 분포 범위가 넓어지는 양상을 보인다. 이러한 석붕의 분포상에서 보면 대석붕은 랴오 난지구와 대동강유역에, 중석붕은 랴오허 강 상류와 한강유역까지, 그리고 소석붕은 지린성과 한반도 남부에까지 그 분포 범위를 보인 다. 출토유물에서 석부, 석도, 방추차 등은 양 지역에서 공통적인 양 상을 보이지만 토기에서는 각기 다른 형식들이 출토되어 지역성을 반영하고 있다. 아직 한국 탁자식 지석묘의 편년관이 세워져 있지 않 지만 대개 개석식 지석묘(대석개묘)에서 변화 발전한 것으로 보고 있는 반면에 랴오둥지구에서는 대석붕이 가장 이른 시기의 것으로 본 점에서 상반된 견해를 보인다. 또한 석붕의 연대가 3,500~2,500년 전인데 반해 탁자식 지석묘의 연대를 북한에서는 3,000~2,500년 전 으로, 남한에서는 2,700년 전을 상한으로 보아 중국의 소석붕의 연대 와 비슷한 시기를 설정하고 있어 차이를 보인다. 대석개묘는 개석식 또는 판석형 상석을 한 기반식 지석묘와 같은 형태로 한반도 전 지 역에 고루 분포되어 있다. 한반도의 지석묘에서는 석실이 판석으로 된 것과 할석을 이용해 쌓은 것이 있어 랴오둥반도 지역과 같은 양 상이지만 상석의 두께가 더 두터워진 점, 전혀 다른 토기의 기형에서 서로 차이를 보인다. 하지만 양 지역에서 비파형동검이나 석부, 석 도, 방추차 등의 유물이 출토되어 연관성을 보이기도 한다. 우리나라 의 한강 이남에서만 보이는 거대한 상석에 지석이 고인 기반식 지석 묘는 한강 이북과 랴오둥반도에서는 볼 수 없는 형식이여서 형태상 지역적인 특징을 보인다. 중국 저장성 뤼안현 다이스산 석붕은 주형 지석을 한 기반식으로 전남의 서해안에서 보이는 지석묘와 유사한 형태를 하고 있어 주목된다.

랴오난療南 지역에서 보이는 것과 같은 적석묘는 아직 한반도에서 발견된 바 없지만 지석묘의 하부 유구에서 유사한 형태들이 보인다. 즉 황해 침촌리 등 대동강유역과 강원 춘천 천전리 등 북한강유역, 그리고 여수 월내동과 적량동 등 여수반도 등지에서 적석유구가 확인되었으나 형태상에서는 차이를 보인다. 이 적석 안에 배치된 석실을 덮은 개석이 랴오난 지역보다는 크고 두터운 것을 사용하고 있으며, 적석의 규모가 작고 석실 수도 많아야 5~6기 정도이다. 이러한 적석묘는 지석묘와 결합되어 한반도에 나타난 지역적인 특징을 보여주는 것이라 하겠다. 석관묘는 랴오둥 지역과 한반도 전 지역에서 공통적으로 보이는 묘제인데, 구조상에서 큰 차이를 보이지 않으나 유물에서는 판이한 양상을 보인다. 동혈묘는 아직 한반도에서 발견된 바 없다.

고인돌 보호각이 있는
중국 랴오닝성 따이즈툰
고인돌 전경

이상에서 본 랴오둥반도와 한반도의 청동기시대 묘제는 시기나 문화적인 배경 차이는 있을지라도 양자 간 같은 계통임을 보여주고 있다.

이 책의 의의와 문제점

쉬위린이 '요동반도 석붕'이란 제목으로 출간한 이 책은 석붕뿐 아니라 고대 묘제를 포함한 광범위한 분야를 체계적으로 종합 정리한 것이어서 중국 고대 묘제의 연구 현황과 그 수준을 보여주고 있다. 중국의 석붕 자료를 상세한 소개와 함께 풍부한 도면과 사진을 제시해 한국의 지석묘와 비교 연구에 하나의 계기를 마련해 주었다고 할 수 있다. 한편으로 랴오둥반도 지역의 청동기시대 묘제를 석붕과 관련하여 서술하고 있는 점 또한 돋보인다. 이러한 점들은 한국 청동기 문화 형성과 밀접한 관계를 가지고 있는 랴오둥 지방의 고고학 정보를 한국 고고학 연구자에게 귀중한 자료를 제공해 주었다는 점에서 의의가 있다.

이 책의 서술로 볼 때 랴오난지구의 석붕이 주변으로 전파 변화되었다는 기본 입장 하에서 무리한 전개를 보이고 있다. 즉 거리상으로 상당히 떨어진 저장성 뤼안지구의 석붕과 관련시킨 것이 그 대표적인 예이다. 석붕을 중심으로 살핀 랴오둥반도의 석묘들과도 연대상에서 막연히 관련지어 파악하고 있는 점도 그러하다. 이는 문화적인 공통성과 계승성을 강조하는 측면에서 논리 전개상의 비약이나 논거의 제시가 미약한 점이 있다.

이러한 공통성과 계승성을 논하는 각 유적의 연대와 편년 방법에 한계가 있다. 고고학에서 기본적으로 유적과 유물의 속성을 통한 상대편년과 방사성탄소연대 등의 절대연대를 비교 검토하여 각 유적의 연대와 유적간의 편년체계를 설정하는 것이 일반적이다. 그러나 이 책에서는 외형과 석실구조상에서 대석붕이 가장 이른 시기로 설정하고 중석붕, 소석붕으로 변화되었다고 보았다. 묘실의 배치와 적석상태에서 라오톄산 유형에서 위자타더우 유형, 강상 유형으로 적석묘가 변화 발전된 것으로 보아 혈연적인 평등관계에서 빈부의 격차가 드러나 유력자의 무덤이 만들어졌다는 사회 발전단계를 제시하기도 하였다. 이러한 묘제의 변천은 탄소연대를 기준으로 하는 편년에 의존하여 유사한 유물을 들어 같은 문화 유형으로 보고 연대를 논하였다. 또한 유적이나 문화 유형의 연대만 제시될 뿐 문화적인 변천과정에 대한 것이 결여되어 있다. 한 문화 유형은 유물 복합상과 주거지나 묘제 등 유구의 특징적인 면을 종합적으로 검토하여 설정하여야 한다. 이 문화 유형은 시기를 달리하면서 변화 발전되는 양상을 띠기 때문에 그 변천 과정을 통한 시기 구분이 이루어져야 한다.

중국 스펑산 탁자식 고인돌
앞에서

고인돌과 청동기시대 관련 참고 문헌

◎ 고인돌과 무덤

『한국 민족문화의 연구』(손진태, 1948)

『만선원시분묘의 연구』(미카미 쓰구오三上次男, 1961)

『한국 지석묘 연구』(김재원·윤무병, 국립박물관, 1967)

『한국의 고분』(김원용, 세종대왕기념사업회, 1974)

『아시아 거석문화 연구』(김병모 편, 한양대학교출판부, 1982)

『요동반도 석붕』(쉬위린許玉林, 1994)

『옛 무덤의 사회사』(장철수, 웅진, 1995)

『전남의 지석묘』(이영문 · 조근우, 학연문화사, 1996)

『조선의 고인돌무덤 연구』(석광준, 평양 사회과학출판사 1998; 중심 2002)

『고조선지역의 고인돌 연구』(하문식, 백산자료원, 1999)

『한국 지석묘(고인돌)유적 종합조사 · 연구』(최몽룡 외, 문화재청 · 서울대학
교박물관, 1999)

『한국 지석묘연구 이론과 방법』(최몽룡 김선우 편, 주류성, 2000)

『한국 지식묘사외 연구』(이영문, 학연문화사, 2002)

『고인돌 이야기』(이영문, 다지리, 2002)

『한국 지석묘 연구』(유태용, 주류성, 2003)

『경기지역의 고인돌 연구』(우장문, 학연문화사, 2006)

『경기도 고인돌』(경기도박물관, 2007)

『지금도 살아 숨쉬는 숨바섬의 지석묘 사회』(가종수 외, 북코리아, 2009)

『영원한 생명을 위한 집』(이영문, 한솔교육, 2010)

『고인돌 축조로 본 과학기술 원리연구』(이영문 외, 국립중앙과학관, 2011)

『한국의 지석묘』(국립나주문화재연구소, 2012)

『우리나라와 인도네시아의 고인돌연구』(우장문, 학연문화사, 2013)

『한반도의 고인돌 사회와 고분문화』(지건길, 사회평론, 2014)

◎ 유물 연구

『한국의 장신구』(이화여자대학박물관, 1991)

『세형동검문화의 연구』(조진선, 학연문화사, 2005)

『청동기시대 마제석기 연구』(손준호, 서경, 2006)

『비파형동검문화와 요령지역의 청동기문화』(오강원, 청계, 2006)

『청동거울과 고대사회』(복천박물관, 2010)

『동아시아 마제석기론』(시모조 노부유키下條信行, 서경문화사, 2011)

『석기 제작원리와 활용기술 연구』(이영문 외, 국립중앙과학관, 2012)

『한국 선사 · 고대의 옥문화 연구』(복천박물관, 2013)

◎ 세계유산과 보존 활용

『유네스코 지정 한국의 세계유산』(이영문 외, 국립제주박물관 편, 서경, 2005)

『한국의 세계문화유산』(이영문 외, 충남대학교박물관 편, 2007)

『문화유산의 보존과 활용』(윤덕향·이영문 외, (재)호남문화재연구원, 2008)

『세계유산 고인돌 보존관리 종합계획 수립 연구용역 보고서』(이영문 외, 문

화재청, 2011)

『세계문화유산 화순고인돌』(이영문, (재)동북아지석묘연구소, 2004)

『세계유산 강화고인돌』(김영창, 고인돌사랑회, 2008)

『세계유산 고창고인돌』(이영문·신경숙, (재)동북아지석묘연구소, 2009)

◎ 청동기시대 관련 도록

『청동유물 도록』(국립박물관, 1968)

『한국의 청동기문화』(국립중앙박물관·국립광주박물관, 범우사, 1992)

『특별전 한국의 선·원사토기』(국립중앙박물관, 1993)

『선·원사인의 도구와 기술』(국립광주박물관, 1994)

『선사와 고대의 여행』(국립광주박물관, 1995)

『남한강유역 문화유적 발굴도록』(동아대학교박물관, 1999)

『청동기시대의 대평·대평인』(국립진주박물관, 2002)

『기술의 발견』(복천박물관, 2003)

『사람과 돌—머나먼 진화의 여정』(국립대구박물관, 2005)

『선사·고대의 풍요와 안녕의 기원』(복천박물관, 2006)

『호시지역의 청동기분화』(충남대학교박물관, 2007)

『또 하나의 도구 골각기』(복천박물관, 2007)

『돌에 새긴 유목민의 삶과 꿈-몽골의 암각화』(국립경주문화재연구소, 2008)

『청동기시대의 울산 태화강문화』(재)울산문화재연구원, 2010)

『2010년 특별전, 청동기시대 마을 풍경』(국립중앙박물관, 2010)

『돌·흙·쇠 그리고 사람들』(중앙문화재연구원, 2011)

『한국의 암각화』부산 경남 전라 제주편-(울산암각화박물관, 2011)

『한국의 암각화 Ⅱ』대구 경북편-(울산암각화박물관, 2012)

『JINJU BRONZE AGE MUSEUM』(진주청동기문화박물관, 2012)

『울주 대곡리 반구대 암각화』한국 암각화 Ⅲ-(울산암각화박물관, 2013)

『선사 · 고대 옥의 세계』(복천박물관, 2013)

『천안 백석동 청동기마을』(천안박물관, 2013)

◎ 청동기문화 전반

『조선 고고학 개요』(사회과학원 고고학연구소, 과학백과사전 출판사, 1977)

『청동기시대와 그 문화』(김원용 편, 삼성문고, 1977)

『조선의 청동기시대』(북한 사회과학출판사, 1984)

『한국 고고학 개설』(김원용, 일지사, 1986)

『한국 청동기시대 문화 연구』(전영래, 신아출판사, 1990)

『한국 청동기문화의 이해』(심봉근, 동아대학교 출판부, 1990)

『한국 청동기문화 연구』(윤무병, 예경산업사, 1987, 1991(개정판)

『한국 선사고고학사』연구 현황과 전망-(최몽룡 외, 까치, 1991)

『한국 청동기문화 연구』(임병태, 학연문화사, 1996)

『한국에서 본 일본의 미생문화의 전개』(심봉근, 학연문화사, 1999)

『청동기문화』(이건무, 대원사, 2000)

『한국고고학사전』上, 下(국립문화재연구소, 2001)

『한국 청동기시대 연구』(이영문, 주류성, 2002)

『동북아 청동기문화 조사연구의 성과와 과제』(안재호 외, 학연문화사, 2002)

『요서지역의 청동기시대 문화연구』(복기대, 백산자료원 2002)

『한국 고대사속의 고조선사』(송호정, 푸른역사, 2003)

『한국고고학전문사전』-청동기시대 편-(국립문화재연구소, 2004)

『동북아 청동기시대 문화 연구』(최몽룡 외, 주류성, 2004)

『천 번의 붓질 한 번의 입맞춤』-고고학 발굴 이야기-(진인진, 2009)

『한국 고고학 강의』(한국고고학회, (주)사회평론, 2010(개정신판))

『한반도 청동기의 기원과 전개』(미야사토 오사무宮里修, 사회평론, 2010)

『한국 청동기시대 편년』(한국청동기학회 편, 2013)

◎ 생활 관련 자료

『우리나라 원시 집자리에 관한 연구』(김용간 외, 사회과학출판사, 1975)

『청동기사회의 토기와 주거』(이홍종, 서경문화사, 1996)

『한국 고대의 생산과 교역』(이현혜, 일조각, 1998)

『한국 선사유적 출토 곡물자료 집성』(국립중앙박물관, 2006)

『선사농경 연구의 새로운 동향』(안승모 · 이준정 편, 사회평론, 2009)

『한국고대의 수전농업과 수리시설』(한국고고환경연구소 편, 서경문화사,
　　　　2010)

◎ 사회와 문화

『삼한사회 형성과정 연구』(이현혜, 일조각, 1984)

『한국 고대의 국가기원과 형성』(김정배, 고려대학교출판부, 1985)

『한국의 암각화』(한국역사민속학회, 한길사, 1996)

『살아있는 신화 바위그림』(정동찬, 혜안, 1996)

『청동기시대 영남지역의 농경사회』(김권구, 학연문화사, 2005)

『조선반도 초기 농경사회의 연구』(고토 다다시後藤直, 동성사, 2006(일문))

『무문토기문화의 성립과 계층사회』(배진성, 서경문화사, 2007)

『계층사회와 지배자 출현』(한국고고학회 편, 사회평론, 2007)

『청동기ㆍ철기시대 사회변동론』(이성주, 학연문화사, 2007)

『청동기시대 취락구조와 사회』(이형원, 서경문화사, 2009)

『청동기시대의 생산활동과 사회』(쇼다 신야庄田愼矢, 학연문화사, 2009)

『청동거울과 고대사회』(복천박물관, 2010)

『무덤을 통해 본 청동기시대 사회와 문화』(경남발전연구원, 학연문화사,
       2012)

『무덤 자료로 본 청동기시대 사회』(히라고리 다즈야平郡達哉, 서경문화사,
       2013)